幼儿园园长临场应变技巧50例

卢 俊◎著

中国轻工业出版社

图书在版编目（CIP）数据

幼儿园园长临场应变技巧50例/卢俊著. —北京：中国轻工业出版社，2013.1（2022.12重印）

ISBN 978-7-5019-9006-1

Ⅰ.①幼… Ⅱ.①卢… Ⅲ.①幼儿园-管理-案例 Ⅳ.①G617

中国版本图书馆CIP数据核字（2012）第228397号

总 策 划：石　铁
策划编辑：高　君　　　　　　　　责任终审：杜文男
责任编辑：吴　红　高　君　　　　责任监印：刘志颖

出版发行：中国轻工业出版社（北京东长安街6号，邮编：100740）
印　　刷：三河市鑫金马印装有限公司
经　　销：各地新华书店
版　　次：2022年12月第1版第12次印刷
开　　本：710×1000　1/16　印张：10
字　　数：95千字
印　　数：37001—39000
书　　号：ISBN 978-7-5019-9006-1　定价：20.00元
读者热线：010-65181109，65262933
发行电话：010-85119832　传真：010-85113293
网　　址：http://www.chlip.com.cn　http://www.wqedu.com
电子信箱：1012305542@qq.com

如发现图书残缺请与我社联系调换

120406Y1X101ZBW

前 言

幼儿园管理是一门科学，更是一门艺术，分寸拿捏有时只是一念之差，这就是幼儿园管理的奥妙所在。人们常说：一个幼儿园能不能搞好，很大程度上取决于园长的素质。出类拔萃的园长在幼儿园发展中的作用是举足轻重的。而管理效果的好坏，则直接影响着幼儿园的持续健康发展。很多踌躇满志的园长，在处理日常事务时，会觉得得心应手、游刃有余，但在碰到很多"突发事件"时，却束手无策、举止失当，使之非但不能转变成契机，反而演变成危机！这是因为他们尚未真正懂得如何将管理的科学与艺术很好地结合起来，而这种结合是需要用心和智慧的。

本书尝试讲述和分析 50 个应对不同突发事件的案例，通过情景再现、临场应变和温馨提示三个环节与大家分享不同的园长在处理不同紧急情况时的技巧和艺术。这些案例或是笔者自己的亲身经历，或者是笔者耳闻目睹所得。其中，"情景再现"尽可能真实地还原突发事件的原貌，以使读者能够身临其境地感受到事件所带来的冲击，想自己面对此种情况时将会采取的应对措施。"临场应变"着力描述各位园长在遇到突发事件时采取的应对措施，以及这些措施直接导致的突发事件发展走势和最终结果。做与不做？何时做？怎样做？这都取决于园长的智慧、经验与远见。尺度拿捏的好坏直接决定了园长管理的成败。"温馨提示"则是笔者对这些园长们处理事件的方法以及结果的思考，希望能从典型案例中找到一般的规律。如果我们不能学会从问题的本质中寻求到答案，则永远也不会掌握解决问题的根本方法。

幼儿园园长应力求使每项工作都能够围绕幼儿园的发展目标而展开，

只要持之以恒，必能取得事半功倍的效果。在应对突发事件时，或面对管理和服务对象时，我们都需要借助于每一个机会来加深他人对我们的正面印象，减少负面印象，那么园长的形象和威望就会在无形中得以树立！管理一个组织犹如驾驶一辆汽车，也许你坐得很舒适，驾驶起来很自如。但你要知道，这种舒适和自如是基于人体工程学专家、心理学家和汽车设计师的精心策划！所以如果我们在管理过程中全凭经验做事，在处理突发事件时全凭感觉为之，最终可能会一败涂地。

管理工作，一旦细细品味，你就会发现其中乐趣无穷。虽然突发事件容易给我们造成一时的麻烦，但只要处置得当，定有斩获！高明的管理者会觉得这犹如与人对弈，讲究的是战略战术，一旦到达行云流水、攻守自如的境界，就会让人觉得很有意味。管理永无止境，管理中也难免出现漏洞，但只要我们用心去思考、去做，每天都可能会有意想不到的收获。

卢俊

2012 年 8 月 1 日

目　录

第一章　同事行为的应对技巧························ 1

1. 当教师说"我不干了"时······················· 2
2. 当教师在园外比赛中意外落败时··············· 4
3. 当教师倚老卖老时··························· 7
4. 当教师任性、没责任感时····················· 10
5. 当同事间彼此不满时························· 12
6. 当教师中途撂挑子时························· 15
7. 当教师不服从工作安排时····················· 18
8. 当教师急于"上进"时······················· 20
9. 当助理"背叛"自己时······················· 23
10. 当同事关系被挑拨离间时···················· 25
11. 当教师私下拉票时·························· 27
12. 当副手背后拆台时·························· 30
13. 当员工私拿剩菜时·························· 33
14. 当教师挑动家长闹事时······················ 36
15. 当教师爱"扯大旗"时······················ 39
16. 当教师晋升职称失利时······················ 41
17. 当教师对工作感到倦怠时···················· 44

第二章　幼儿行为的应对技巧 …… 47

  18．当幼儿不肯来园时 …… 48
  19．当幼儿依恋老师时 …… 50
  20．当幼儿爱模仿时 …… 53
  21．当幼儿"假哭"时 …… 56
  22．当幼儿脾气火爆时 …… 59
  23．当幼儿背着包包不放时 …… 63
  24．当幼儿不敢登上攀登架时 …… 66
  25．当幼儿"自娱自乐"时 …… 69
  26．当幼儿不肯分享时 …… 72
  27．当幼儿爱招惹人时 …… 75

第三章　家园沟通的应对技巧 …… 79

  28．当家长向幼儿园投诉时 …… 80
  29．当幼儿发生意外时 …… 82
  30．当家长无理取闹时 …… 85
  31．当家长上门索赔时 …… 88
  32．当家长送礼上门时 …… 90
  33．当家长目中无人时 …… 92
  34．当家长恶意威胁时 …… 95
  35．当家长溺爱孩子时 …… 98
  36．当家长要求多多时 …… 101
  37．当家长择师挑师时 …… 104
  38．当家长犹豫是否给教师送礼时 …… 107
  39．当家长对"分享"存在困惑时 …… 110
  40．当家长对孩子升班更换教师存在困惑时 …… 113

  41．当家长对教师撒谎心存不满时……………………………117

  42．当家长对孩子的吃饭问题心存疑问时…………………120

第四章　其他突发事件的应对技巧……………………………125

  43．当有人想冒领孩子时………………………………………126

  44．当在园幼儿突然生病死亡时………………………………128

  45．当厕所里出现诋毁自己的小字报时………………………131

  46．当有人提出违反规则的要求时……………………………134

  47．当接到上级部门的整改单时………………………………137

  48．当幼儿园的施工方违规建设时……………………………139

  49．当受伤员工家属来园闹事时………………………………142

  50．当轻率的求职者来应聘时…………………………………144

后　　记……………………………………………………………147

第一章

同事行为的应对技巧

> 幼儿园常常被认为是一方世外桃源,但事实并非如此。在幼儿园这个小天地里,教师们个性迥异、行事风格大相径庭:有的清高,有的俗气;有的肯吃苦,有的爱耍小聪明;有的自以为是,有的可能"忘恩负义"。如何面对这些形形色色的同事以及他们之间的纷争,这是园长的责任,也是园长管理艺术的体现。
>
> 本章中的园长们面对各种棘手事件,大显神通,显示出他们管理的智慧和应对的自如。

1. 当教师说"我不干了"时

情景再现

这天上午，大(2)班的袁老师又请假没来上班。说起这位袁老师，也的确让人头疼，一个学期她差不多要请半学期假。可幼儿园没有多余的教师，因此袁老师一请假，许多任务就自然落到同班的方老师身上。

下午，陈园长去大(2)班交代方老师明天值班的事情。没想到话还没说完，方老师就提出反对意见了："我明天家里有事，没办法值班。"方老师一直以来工作就兢兢业业，对领导交代的任务从来没有怨言，今天的态度让陈园长措手不及。

陈园长只得耐心地跟方老师商量："家里有事克服一下吧，毕竟幼儿园的事更重要。你们班里只有一位老师，只有辛苦你了。"没想到却被方老师态度强硬地顶了回来："别人可以一而再、再而三地请假，为什么我家里就不能有事？为什么我就不可以请假？我明天不干了，我也请假。"

临场应变

"方老师为什么会有如此激烈的情绪反应？表面看只是多值一次班的问题，但是仔细想想这件事，可以发现方老师的情绪已经隐忍很久了。矛盾的爆发源于自己处事不够公允。袁老师一学期几乎要请半学期病假，真病假病判断权虽不属幼儿园，但是公道自在人心。全园教师几乎都知道大(2)班最辛苦的是方老师，而每遇到开学、放假大清扫或是重大活动，袁老师必病，方老师的工作压力可想而知。虽说园长不是'打假'英雄，但至少应该有明确的奖惩手段来区别对待袁老师和方老师,可惜被自己忽略了,结果就造成了谁偷懒谁得益、谁辛苦谁倒霉的局面。再说,方老师没有获得任何加班补贴,也没有多一天的调休,久而久之,再没脾气的人也会被这种不公允给气坏的。看来自己在处理这件事上很不妥当。"

陈园长想通了这点后,对方老师说:"好吧,最近一段时间你的确很辛苦,既然家里有事,明天就由我来值班吧。"第二周,陈园长就组织园务班子研究教师加班补贴与调休的方案,方案出台后立即得到了全园教师的响应和支持,大家都认为这样的方案很及时、很有效,能比较公平、有效地解决个别教师请假而另一部分教师无偿加班的问题。方案通过后,陈园长主动找方老师谈心,检讨了自己以往在处理缺席人员与加班人员问题上的简单化和粗放化,由于处理不妥当让方老师受了委屈,希望方老师能够谅解,同时也追加了方老师的加班补贴和换休时间,方老师对此处理方式表示满意。

温馨提示

俗话说:"人累不死,只有被气死。"这话就是说人需要生活在公平的环境中,哪怕再苦再累,心情也是快乐的;而身处不公平的环境中,人是很容易被激怒的。方老师的激烈情绪实是源于不公,而不是不想干了。

敬业奉献是幼儿教师的师德之一,园长要把这一条作为对每一位幼儿教师包括自己的要求,而不是只针对个别埋头苦干的教师。在现实生活中,对于某些只会耍小聪明、习惯占便宜的教师,园长会对他们放松要求;而对于那些一向守规矩的教师,园长却会习惯成自然地对他们严格要求。因此,园长必须公平公正地对待每位教师,这样才能够创建合谐、融洽的工作环境。

此外,园长还需有宽广的胸怀看待和接受老师们的不同诉求。有的诉求可能表达方式比较激烈,园长要学会听懂、看懂这些诉求背后的意思,

就像方老师说的"我不干了",其实她的意思不是不愿干,而是不愿这样干,表达的是她对幼儿园管理模式的不满。面对老师们看似不太礼貌的"挑战",有些园长会觉得自己折了面子、丧失权威,于是不去考虑如何解决问题,而是想着如何"教训"这样的老师。其实,越怕自己的形象受损,越容易破坏自己的形象;越关注教师的感受,越容易树立园长良好的形象。因此,园长应该公平公正地对待每一位教师,多从教师的角度思考问题、理解他们诉求的出发点,许多问题自然会迎刃而解。

2. 当教师在园外比赛中意外落败时

情景再现

　　这次市里组织师德演讲大赛,区里把这个任务交给了辛园长所在的幼儿园。辛园长是大学辩论赛"最佳辩手"出身,手下又培养了一大批辩论演讲高手,所以这次代表区里参赛的任务就落到了他们幼儿园。园里最后决定派小魏老师参加。

　　辛园长认真指导,加上小魏老师自己用心揣摩,每回试讲,小魏老师都能演讲得通畅且能声情并茂地打动听众。这天下午,在辛园长的带领下,小魏老师胸有成竹地出发了。

　　演讲比赛开始了,小魏老师抽到第七个上场,这是个非常好的参赛序号,不前不后,应该是评委们最专心、最能客观评价的时候。小魏老师临场不乱,通篇演讲如行云流水,发挥得相当出色,评委打出了开场以来的最高分。辛园长也觉得胜券在握。

　　可是没料到的是,到了第十四个选手,其水平明显不如小魏,分数却比小魏高出0.3分,观众开始有些骚动。而第十五个选手演讲中间甚至有几秒钟忘了词，总分却也比小魏高 0.1 分。

辛园长还没来得及安慰小魏，比赛就结束了，小魏老师只抱回个季军的奖杯。她一走到辛园长面前就委屈地哭了："辛老师，这太不公平了！以后，我再也不参加比赛了。"

临场应变

辛园长看到周围投来那么多关注的目光，觉得在公共场所和小魏交流不太合适，就帮小魏抱过奖杯："来来来，我请你去吃'肯德基'，我们到那儿聊聊。"辛园长知道年轻的小魏从未经历过这样的挫折，她信心满满地跨入赛场，面对这样的结果肯定想不通。年轻人想不通时很容易想法偏激，更何况今天的评分明显不公，因此在回家前一定要帮助她稳定情绪。

抽泣着的小魏跟着辛园长走了"肯德基"店，找到一个安静的角落，辛园长逗小魏道："好了，现在没人看你了，想哭就哭吧！"边说边递过去一张餐巾纸。小魏看辛园长一副认真叫她哭的样子，想想自己刚才一路的表现，忍不住"扑哧"笑了出来。

辛园长看到小魏情绪平复些了，心情也轻松了些："笑了，说明自己又想通了一点儿，来，分享一下你的感受吧。"

"这样的比赛太不公平了，肯定做了手脚嘛！我真的是咽不下这口气！"小魏一边说一边等着辛园长的反应。辛园长知道此时自己说不如让小魏自己说完，于是没搭腔。小魏又继续说道："再说我也对不起您！也对不起幼儿园！更对不起区里！"

辛园长看小魏说得差不多了，才慢条斯理地说："你觉得自己今天表现得怎样？"小魏说："我觉得挺好的。"

辛园长笑笑说："我也觉得不错。既然你自己觉得不错，说明你既对得起自己，也对得起幼儿园，所以你不必有愧疚感。至于你说到的公平与不

公平，这感受可能也是因人而异的。对于今天拿了第一名的选手来说，她可能觉得公平极了，所以在没有证据的情况下，我们不能妄加揣测。我们应该学着接受每一项挑战以及挑战的结果。我觉得你学会坦然面对失利，事实上比拿了冠军收获还要大。"

小魏在辛园长的开导下渐渐地舒展了眉头，心情也不再那么纠结了。

温馨提示

园长在管理生涯中，会有很多带领教师参加各种比赛的机会。比赛的确有明显的激励作用，可以激起人们的竞争意识，但比赛也容易使人们过分注重结果，忽略比赛带来的其他意义。说实话，就教育领域而言，有些比赛还是越少越好，太多比赛让人心浮躁。但是既然以园长的能力不可能左右比赛的进行，至少要引导下属学会正确地面对结果，这比赢得比赛更重要。任何比赛的结果都与人的因素有关，凡是有人的地方就不可能永远客观，其结果必然包含了人为因素的变数，不会只是比赛选手实力的较量。既然结果不一定代表自己的实力，又何苦斤斤计较比赛的结果？因此引导下属淡定地面对比赛结果，接受它，比不切实际地试图改变它更有意义。

此外，园长要永远记得，要努力使下属避免抱怨和无意义的揣测。抱怨其实只是恶劣情绪的的外在形式，它不能解决任何实际问题和改变结果，只会引起更多的坏情绪和更多的抱怨；而无意义的揣测会引发更强烈的不满，进而导致接下来的工作陷入停滞。当园长敏锐地感受到下属的抱怨情绪后，首要任务是帮助他们化解情绪、解决问题。即使不能帮助其解决问题，也要使其学会面对问题、接纳现状，要让下属懂得"我们不能改变天气，但我们可以更换衣服"的道理。

园长如同指挥官，需要带领团队面对各种挑战，但要记住，并不是有准备之战就一定会迎来胜利。充分准备好的战役，甚至是优势明显的战役，也仍然可能与成功失之交臂。不过，所有的努力都会为我们赢得经验并最终成为我们的财富，这一切就是我们工作的意义。

3. 当教师倚老卖老时

情景再现

大(2)班有位老师休产假，班里一下子缺了位教师。而大班孩子的活动量大，教学活动也多，考虑到贸贸然请个代课教师带班，孩子有可能不适应，家长意见也会比较大，因此派有一定教学经验的教师去接手才比较稳妥。幼儿园园务会议把整个幼儿园的人员通盘考量了一下，发现在托班带班的小贝老师是个合适的人选，她虽然年轻，但充满热情，工作责任感强；另外，由于她不是班主任，调动她对当前所在班的影响不大；再加上现在已是托班第二学期，孩子们已较好地适应了幼儿园，而托班的班主任又是位有经验的老教师，另派一位代课教师跟她合作，应该没有什么问题。

于是，会议结束后，冯园长找来小贝，跟她说明了目前幼儿园的情况及园方的打算，小贝听了二话没说，一口答应下来，并且表示很有信心接受这个挑战。随后，冯园长又找来和小贝搭班的班主任肖老师，向她说明了这次调动的意义，并且表达了幼儿园对她能管理好班级的信心。没想到，肖老师听后非常不满意，她情绪激动地说："你们这样的决定是极端错误的！你们要对家长负责！我们班的家长肯定会有意见！"

> **临场应变**

本以为难题出在小贝身上，因为接手大班比在托班工作强度要大很多，要求也高很多。可没想到小贝轻松地答应了，和她搭班的肖老师反应却这么强烈。冯园长请她坐下来喝口水："你说说，家长为什么会有意见？大概会是哪些方面的意见？我们可以针对这些方面去做家长的工作。"肖老师并不直接回答："即使家长没有意见，我也不会同意！这是对我们班级孩子极端的不负责，我不同意换老师。""可是小贝自己很愿意调动啊！再说新来的代课教师以前就是教托班的，到你们班应该很适合。作为资深班主任，驾驭这么点状况我想你是游刃有余的！""不行！我就是不同意！如果你们一定要调动小贝，我不保证家长不闹事！"

见肖老师如此口不择言，冯园长也有点生气："你凭什么判断家长会闹事呢？还是你希望家长闹事来阻止幼儿园的安排？"肖老师无言以对，因为她凭经验知道家长对这样的安排不会有太大意见。

见状，冯园长缓和了语气说："根据我的经验，家长是能理解这样的安排的，如果他们有什么不理解的地方，我们可以认真解释给家长听。要么，我亲自去开家长会？"看到园长态度坚决，肖老师开始转换话题，说小贝老师的一些不足，以证明小贝当大班的老师不合适。

看来短时间内说服不了肖老师了，又不能不顾她的意愿硬来，于是，冯园长对她说："这样吧，咱们都先考虑一下再说。"

肖老师走后，冯园长陷入沉思。此次调动，对象并不是肖老师本人，但是她以家长尚未存在的情绪或意见为借口百般阻挠幼儿园的决定。就常识判断，这里面肯定有其他原因。

经过向其他老师了解情况，冯园长才明白肖老师极力反对是因为她不愿意失去一位用得称心的助手。小贝跟肖老师搭班有几年了，一直勤勤恳恳、兢兢业业地工作，让肖老师省了好多心，少做了很多事。同年级的老师也反映，肖老师不怎么做事，什么事都指挥小贝干，所以，肖老师实际上并不是对班级工作有多重视，而是不愿放弃小贝老师给予她的工作便利。

我们要给年轻教师个人成长的机会，不能因为老教师的反对就妥协；同时也要照顾好老教师的情绪，解除他们的后顾之忧，以免引起他们的抵触情绪，进而影响班级工作的开展。

考虑到这两方面，第二天，幼儿园没有立刻抽调小贝老师，而是把代课教师先派到她们班，三个人一起教了两周课，代课教师很快赢得了家长和小朋友的喜爱，也逐渐取得了肖老师的信任。第三周，幼儿园不动声色地把小贝调去了大班。

温馨提示

调动个别教师到他自己比较向往，同时幼儿园也需要的岗位，无论是对个人还是对幼儿园来说都是一件双赢的事。然而，幼儿园里常常会有像案例中的肖老师这样以自我为中心、不服从幼儿园安排的教师，他们觉得自己工作年限长、资格老，幼儿园得照顾他们的想法，因而就只考虑自己的感受，不顾幼儿园工作的大局，想说什么就说什么。

作为园长，有时的确需要考虑老教师的感受多一些，但是遇到这类不考虑工作因素，只顾自己方便而不顾年轻教师发展的老教师，我们是不能听之任之的，毕竟对年轻教师的发展和培养是幼儿园的重要工作之一，绝不能因为某些人的情绪情感而受到影响。对于案例中的这种情况，基本的原则是：在有理有据说服的同时，园领导还要深入了解问题背后的原因，解决教师的后顾之忧。

年轻教师怀着满腔热情来工作，幼儿园要保护他们的这种上进心和工作激情，绝对不能让他们的勤勉成为他们自己职业生涯发展的绊脚石。

4. 当教师任性、没责任感时

情景再现

这天快下班时，小班的一位家长气冲冲地冲进园长办公室说："郑园长，我的孩子今天是要服药的，忻老师没给孩子服，我讲了她几句，她竟然还跟我吵起来。"郑园长赶紧递给家长一杯水，询问家长早上有没有给孩子登记服药提醒，家长回答说登记了。郑园长先代表老师向家长道了歉，然后来到班里。

郑园长还没走进教室，就听见忻老师正在和搭班老师说这件事。见园长进来，她们不说了。郑园长查看了班里的服药登记，果然有那位家长的签名。放学后，郑园长请忻老师到园长办公室谈谈。还没等郑园长开口，忻老师就承认自己的确忘记了让孩子服药，不过她认为只是两片感冒药，忘了就忘了，不会出什么大事，自己下次注意就是了，家长却没完没了、不依不饶，她才忍不住和家长争吵了起来。

临场应变

看来忻老师并没有从本质上认识到自己工作的失误以及由此可能给孩子带来的危害。作为"90后"独生子女的忻老师，身上有一些明显的缺点：冲动、自我、缺少责任感。作为园领导要做的是通过适宜的方式引导她认识到自己个性的缺陷，努力用正确的工作方式来弥补自己个性的不足。要让她设身处地站在家长的角度思考问题，懂得将心比心，进而理解家长，增强工作的责任感。

想到这里，郑园长对忻老师说："家长不依不饶的确是挺让人无奈的。"这句表示理解的话显然让忻老师卸下了防御心理，她的表情放松下来。紧接着，郑园长话锋一转："不过，家长疼爱孩子的心情是可以理解的。如果我们是那位家长，可能会表现得更激动。虽然感冒是微不足道的小病，忘记提醒孩子服药也没什么，但是反映了我们的责任感不强。试想，如果我们是家长，敢放心地把孩子交到老师手上吗？"忻老师听到后不由得摇了摇头。

"千里之堤，溃于蚁穴。我知道，你一向对孩子关爱有加，工作干劲也很足。因为这一件小事，让家长对咱们产生不好的印象，多么不值呀！况且，这次的确是咱们有错在先。虽然我已经替你道过歉了，不过，我想你自己亲自向家长表达一下歉意，更能让家长看到你的诚心，也有利于你日后开展家长工作，你说呢？"听到要亲自去道歉，忻老师露出为难的神色。郑园长决定给她时间好好想一想。

没想到，第二天忻老师交来一张病假条，不来上班了。看来她不愿意亲自向家长道歉。忻老师向来比较任性，但没料到在工作上她仍然如此。忻老师请病假的第三天，郑园长觉得她的情绪应该已经沉淀下来了，于是亲自上门探望，与她聊天。忻老师终于收敛了她的任性，坦陈请病假主要是因为自己面子上下不来，不想让其他教师看笑话。郑园长开导她："做人做事首先要对得起自己，对自己的行为负责。知错能改是一种美德。"忻老师看到园长没有因为自己任性请病假而大加斥责，内心也已然认识到自己的错误，终于爽快地跟郑园长表示明天就去上班，下班后会去孩子家里探望，和家长沟通。看到忻老师虽不肯说出"道歉"两个字，但是极力用行动去弥补与家长之间裂痕，郑园长忍不住笑了。

温馨提示

本例中忻老师的行为，实际上反映出她对幼儿园工作性质理解的偏

差、对家园关系和谐相处的认知缺失以及责任感不足。幼儿教师是一项需要付出爱心、耐心、细心的工作,绝不是随随便便可以应付的。若教师对此没有清楚的认识,就会在工作中不断出现失误。

最近几年,新入职的幼儿教师已经开始有了"90后"加入,越来越多的独生子女成为幼儿教师中的一员,虽然他们从正规的师范学校毕业,接受过专业的训练,也很有工作热情,但是性格往往比较冲动、自我,受不得半点委屈,表现在工作上就是责任感不强。比如,有的幼儿教师因为幼儿家长的一两句责怪而愤然辞职,有的幼儿教师因为孩子的大小便太脏而置之不理,还有的幼儿教师因为一些家长的挑剔而和家长发生争执,等等。面对这样的现状,幼儿园对新教师的培养必须从让他们学会与他人相处开始。

任性、没有责任感的本质是过于自我,习惯于站在自己的角度思考问题,很少站在他人的角度进行换位思考。任性对工作影响很大,因为任性的教师会更多地站在自己的立场上做出不实事求是的判断,进而对孩子正确辨别是非造成困扰。因此不要小看教师的任性、缺少责任感的表现,不能仅仅将此归结为个性而漠然处之,事实上它会导致教师工作失去职业性和教育性。对于这类教师,重点要让他们学会换位思考。

5. 当同事间彼此不满时

情景再现

小班的秦老师最近老是来王园长办公室反映同班的童老师带班不认真,班里的工作基本要她一人承担,而且她感觉童老师总在同事中说自己的坏话,她下学期再也不能和童老师继续合作下去了……无独有偶,童老师这周也来王园长办公室反映过班级工作的情况,说秦老师总是自以为是,不配合工作,什么事都斤斤计较,自己忙幼儿园里的事情多一点儿,秦老师非但不体谅,还总是阴阳怪气、冷嘲热讽。她希望下学期最好不要再跟秦老师合作了。

这天,秦老师又来到园长办公室,向园长发了一通牢骚。

临场应变

联系这一周来两位教师的抱怨,再回想两人同样激动委屈的表情,王园长感觉她们之间的合作进入了瓶颈,彼此间缺少信任和默契,各自带着对对方的成见来看待发生在自己身边的每一件事。而成见就如一叶障目,让人看不到事情的真相。当前之计,只有先消除彼此的成见,才有可能让两人和睦相处,而消除成见的最好方式是建立彼此的好感,因为理解是无法建立在没有好感的人们之间的。

王园长决定避开两人的矛盾,制造和传递两人互相赞美的信息,重新建立她们对彼此的正面判断和看法。当她们相信对方对自己非但没有不满,反而还挺欣赏自己时,自然会放松心情,以平和、客观的心态观察对方,如此便能看到以前从没发现的对方的长处,亦会理性地发现原来对方也不是那么讨厌。

于是,王园长仿佛不经意地说:"哦,那天童老师还跟我说,你家长开放日的课上得很精彩啊!"秦老师有点意外地望着王园长:"啊?不会吧?我以为她会来跟你说我没上好的,因为她说我原来的课准备得不好,一定叫我换了她指定的内容。""没有啊,她说你准备得很认真,效果也很好。"秦老师将信将疑地走出了园长办公室,王园长感觉到她的情绪已经起了变化。

秦老师前脚离开,后脚童老师就风风火火地来了,一脸的气急败坏:"真是没办法了,自己的课弄得乱七八糟,别人帮她还不听,实在受不了

了！"王园长根本没打算让她再说下去，赶紧截住她的话茬："这么巧啊，刚才秦老师还在说你的好话呢，说你尽心尽力帮她，才使她的公开课没有失败。"童老师一下子语塞了，有点不好意思地说："真的啊？我还以为她又来发牢骚了。不过说真的，她还真不懂怎么上公开课，我不帮她弄一下，她今天肯定砸了。""所以啊，秦老师感谢你的帮助呢。"童老师开心地离开了园长办公室。

接下来几个回合，王园长都是运用这样的战术在这两人之间传话。学期末的时候，秦老师来到园长办公室，说："以前怪我脾气太急，其实童老师这人不坏，蛮爽快、蛮直接的，现在我们合作得很顺手，我不想换人了。"王园长随后去征求童老师的意见，问她下学期班里的人员安排。童老师回复说："我们现在合作得挺好的。秦老师虽然稍微计较点儿，但她也就说说，事情其实都做了，我也不想换搭挡了。"

温馨提示

心理学上有个概念叫晕轮效应，指人们对他人的认知判断首先是根据个人的好恶得出的，然后再从这个判断推论出认知对象的其他品质。晕轮效应是在人际相互作用过程中形成的一种夸大的社会现象，常表现在一个人对另一个人的最初印象决定了他的总体看法，进而看不准对方的真实品质，有时候晕轮效应会对人际关系产生积极作用，比如你对人诚恳，那么即便你能力较差，别人对你也会非常信任，因为对方只看见了你的诚恳。

晕轮效应的最大弊端就在于以偏概全。秦老师和童老师间之所以存在矛盾，就是因为她们陷入了消极的晕轮效应中，对对方的判断失去了客观和理性。只有改变这种判断，同时又利用这种效应，才可能使两人合作愉快。所以，建立彼此对对方的好感形成积极的晕轮效应才是当务之急。

作为一园之长，的确需要坚持立场、明辨是非、分清对错，但有的时候"黏合剂"比"清洗剂"更管用，帮助有意见分歧的老师放下成见建立好感比帮助他们裁决对错要有效得多,因为合作比评价更重要。让老师们互相怀有善意和好感,习惯合作甚于习惯挑刺,这样是非和误解就会少掉许多。听到老师反映就忙着去帮助明辨是非固然是一种工作方式,不过它就好比是西医,头痛先医头,而人内心深处的情结是难以通过外在的治疗得到根治的。致力于两人关系的修补,不断制造让两人互生好感的信息,则好比是中医,从根本入手解决问题,虽然周期长了点,但是解决问题比较彻底。

6. 当教师中途撂挑子时

情景再现

两年一次的教坛新秀选拔赛又开始了,经过全园上下的推荐和选拔,幼儿园选出了两名候选人,不过只有一名教师能够参加区里的比赛。根据区里的规定,其中一位选手小葛老师的年龄今年已到上限。面对这种情况,园领导班子召开了会议,觉得小葛这次选拔成绩虽然不是很出色,但毕竟这是她的最后一次机会了,而另一位选手还有很多次机会可以争取,所以就把今年去区里参赛的机会给了小葛。

临近比赛,马园长帮小葛把教案改了又改,就差亲自示范给她看了。最后一个下午,园里的几位骨干教师又去参加小葛的试教课。结果,不一会儿,教研室主任就气呼呼地冲进了园长办公室。

"小葛不想上课了,我们也不想帮她看了。"教研室主任很恼火地说。

"发生什么事了?明天就要比赛了,怎么了?"

"你自己去看。"马园长立即赶到多功能教室。那场面真的令人很生气:小朋友躺的躺、坐的坐,而小葛面带怒色站在一旁。马园长努力使自己冷静下来,请其他老师先把孩子送回各自的教室,然后走到小葛身边问:"怎

么回事？"

"烦死了，我不想参评了，我上不好这课。"小葛一副破罐子破摔的样子。

临场应变

看到小葛这副样子，马园长真想遂了她的愿，但是冷静一想，不行，一是明天就要比赛，临时换人，对另一位候选人不公平；二是小葛可能遇上了瓶颈，对自己没有信心。面对这种情况，自己需要做的就是首先安抚小葛的情绪，使她平静下来，然后帮助她找到问题的症结，再解决问题。于是，马园长问她："你觉得哪个地方有问题呢？是教学程序不对，还是小朋友的知识基础不够？"

"我也讲不清楚，反正这课我上不下去了，不想上了，也上不好了！"

"那好吧，你累了，先休息一下，我可以上一遍给你看，你来参考。"这教案马园长修改了很多遍，她早已驾轻就熟。

等马园长把课上完，小葛的情绪已经好了很多："我知道问题出在哪里了，我能改正过来。明天我一定去参加比赛。"

见小葛的情绪好转，马园长认为接下来应该让她认识到自己的问题，帮助她学会解决问题。于是，马园长对她说："你看，唯一的一个候选名额被你争取到了，那么多人帮你，教具大家帮着做，教案大家帮你修改了那么多遍，你现在临到上场撂挑子，你觉得对得起大家吗？上一届没当上候选人，你不还失望了好一阵吗？知难而退只能使自己原地踏步，只有迎难而上才能不断提高，你说对吗？这次好不容易有了机会，你就应该全力以赴，一举成功！"

第一章　同事行为的应对技巧

> **温馨提示**

幼儿园里大多数年轻女教师既好强又脆弱，凡有争先评优之事，谁都不愿意落人之后，而一旦遇到困难，又容易气馁。泄气的时候，她们往往会在短时间内忘记自己的身份，甚至忘记在孩子们面前要为人师表。作为园长，一定要学会堵住"漏洞"，防止造成更大的副作用。

取代别人的位置代表幼儿园参赛，在这种情况下轻言放弃不仅是对自己不负责，更是对别人不负责。入职不久的教师常常看不到这一点，容易随心所欲，在争取机会时不遗余力，当机会交给自己时又很无所谓。所以必须让他们懂得珍惜已经拥有的机会，不能因为任性和气馁轻言放弃。

同时，年轻教师是需要手把手传递教学经验的。当他们的确遇到了他们自己无法解决的问题时，园方也不应苛责他们，因为虽然那样可能给他们深刻而沉痛的教训，但也可能使整个幼儿园蒙受一定的损失，失去参与比赛的资格，失去培养新生力量的宝贵机会。

幼儿园貌似结合人情的选拔体制未必科学，事实上，既然在事前确定了以成绩为准的规则，那么就应该让分数高的人去参与区教育局的选拔。幼儿园考虑到比赛的年龄限制，充分考虑了选手的实际情况，虽合乎人情，却破不了规则，在一定程度上是有失公允的，也不利于激励先进。得到机会的人有可能不珍惜机会或把握不住机会，而比他优秀的人却痛失机会。并且这样的方式有可能造成"示范"效应，让一些原本分数可能落后的人员以年龄为优势请求予以特殊照顾。

只有创造公平公正的竞争环境，老师们才会珍惜自己努力换来的成果。公平是最好的动力，它激励每一位教师，让他们相信自己的潜力，相信通过自己的努力可以得到组织的认可和肯定，从而为自己赢得自信和荣誉。只有这样，才不会再出现"半路逃兵"，才不会再有"扶不起"的现象。

7. 当教师不服从工作安排时

> 情景再现

　　每个学期末的一项常规工作就是安排班级教师。一般来说，大多数教师都适应了这一年一度的小小变化，尽管这些变化有时与他们自己的愿望相悖，会让他们感到些许不快。但他们懂得生活在团体中不可能事事以自己为中心，毕竟每一个岗位都是工作的需要。

　　今年工作安排布置下去时，大家好像都没什么意见。但到了晚上，带毕业班的莫老师有些想不通了，她连续发了三条短信，希望能和高园长马上谈谈。

> 临场应变

　　此时已是晚上 10 点，按理说明天白天交流更合适些。但是估计莫老师情绪激动，恐怕要夜不能寐，高园长立刻拨了电话过去。

　　"小莫啊，三条短信连着发，我都来不及回。我们聊聊吧，对下学期的工作安排有什么想不通的吗？"

　　莫老师一听这话就连珠炮似的说起来："我都工作这么多年了，轮也要轮到当班主任了，为什么下学期还不是我？比我年轻的老师都当上班主任了。"

　　尽管隔着电话，高园长却能清楚地感受到她愤怒的情绪，显然她对下学期的工作安排有着强烈的抵触情绪，并且还有些误解。

　　应对这样的状况，其实有两种方法，一种是平静地回答她："你想错了，这是工作需要。"这样的回答中规中矩，教师没有理由指责园长，因为事实上工作安排是整个园务班子定的。

不过，高园长采用的是另一种方法——把思想工作做透。"你看你身体一直不好，一个学期要请很多病假。当班主任除了教学，还有很多班级工作和家长工作需要承担，如果当了班主任，你的身体可吃得消？"

电话另一端的莫老师沉默了。随后，高园长又站在莫老师的立场上帮她分析，同时真诚地指出她的长处："你看，你的绘画特别好，我觉得下学期你就当个配班教师，有时间和精力的时候，把园里的宣传工作搞一搞。"

莫老师的声音开始缓和下来："可是，那么多年了，我一直当不上班主任，我太没面子了，年轻人会怎么看我？"

"你看，我们活着、工作并不是为了面子，首先要看我们能不能胜任、自己累不累？如果你觉得下学期自己身体吃得消，可以胜任班主任工作，就提交个书面申请给我，我们会在园务会议上讨论。你好好考虑一下，不要急于下结论。"

第二天，莫老师来到园长办公室，说觉得自己当配班教师更合适，也愿意做好幼儿园的宣传工作。

温馨提示

千万不要以为常规工作就可以千篇一律地做。一百个人中九十九个人都能理解接受的事，管理者仍然要做好最后不理解的那一个人的说服工作。作为园长，对自己的工作不能只求无过，对教师的反应更不能漠不关心，不能认为个别教师的不理解是由于其自身思想落后。每一位教师在我们团队中都是很重要的，园长不能因为怕麻烦而少做工作，在思想工作方面一定要有诚心和耐心，才能有好的效果。

管理中每一项工作的安排，往往是"公说公有理，婆说婆有理"，有时很难让大家认同同一个方案，因此，园长在制定决策和部署工作时必须

要有原则，原则是决策的依据，不能因教师的情绪和需求而随意改变原则。制定决策要坚持系统性原则，把决策对象视为一个整体，以系统整体化目标的优化为准绳，教师个人的好恶绝不能影响整体的利益；其次，要坚持可行性原则，在决策前要全面分析方案的利弊，找到最合适的方案；再次，决策要有预见性、可持续性，这样教师即使一时想不通，最终也会接受，因为事实胜于雄辩。

此外，园长要善于用人之特长，对教师特长的了解有时甚至应该比教师自己还清楚。指望团队里每一个人都是精英是不现实的，作为园长需要辨别他们的优点和缺点，充分扬长避短，针对每个人的特长领域安排适宜的工作才能人尽其才。园长还要学会驾驭不同性格的人，用同一种管理方式对待不同性格的人注定是行不通的。

英国的蒙哥马利元帅这么说过："我们把军官分成四类：聪明的、愚蠢的、勤快的、懒惰的。每个军官至少具备上述两种品质。聪明而又勤快的人适宜当高级参谋；愚蠢而又懒惰的人可以被支配着使用；聪明而又懒惰的人适合担任最高指挥；至于愚蠢而又勤快的人，那就危险了，应立即予以开除。"虽然作为园长并不一定真的要如蒙哥马利元帅那么做，但至少他告诉了我们应该区别对待不同个性的人，也就是管理者必须懂得"识人之道"。

8. 当教师急于"上进"时

情景再现

小程今天上午已经在毛园长办公室门口徘徊两次了，但都没进来。这回，毛园长一抬头，恰好又看见她"经过"，便叫住了她："小程，进来，有什么事吗？""没，没事。"小程一副欲言又止的样子。"来来来，过来坐一会儿。"小程犹豫了一会儿,坐到了毛园长的对面。"你应该有事想说吧?"小程沉吟了一会儿,说道:"我觉得你不公平,看不到我的能力。为什么到现在我还不能当个年级组长、教研组长什么的,我的同学都已经当上园长助理了。"这么直截了当的提问毛园长还是第一次碰到。小程是个比较自我的年轻人,工作只凭心情,积极性高的时候会主动承担一些任务;没兴趣时,对工作则能避就避。

临场应变

"哦?原来你的同学当上园长助理了?什么时候的事啊?""上个月刚提的。我的好几个同学都当了主任之类的了,我觉得自己也挺有能力的呀,你为什么总是提拔别人,不提拔我啊?"哇,"90后"的孩子就是不一样,以前的老师好像都不会提这样的问题。"那么,你介绍一下自己的长处,我听听。""我当老师好几年了,家长都没投诉过。我上次在园里比赛还得了一个奖。""那你能不能向我介绍一下你那位当园长助理的同学有什么优点吗?"她想了一下,回答道:"就是教学能力强点儿呗,是市里的教坛新秀。""既然是教坛新秀,我想她的工作一定很努力、很出色,你也知道一个区也没几个市级教坛新秀,这说明她很优秀。你有没有想过自己与同学有多大差距呢?"她的头低了下去。

毛园长接着开导她:"我的同学早就是局长了,中学同学还有当了司长的,难道我也非要到他们那个程度才算努力,才算成功?现在,你们怎么看我呢?"小程立即抬起头:"我们觉得你已经很了不起了,27岁就当了园长。"毛园长笑了:"你在别人眼中也一样,他们也会觉得你很好。只要你每一天工作都是充实的。"小程有些明白了,她的表情开始轻松起来。

毛园长继续开导她:"你的职业是幼儿教师,而不是什么助理或组长,只要奔着这个目标,尽自己的最大努力把事情做到最好,那么除了做教师外,你或许还可以做更多的工作;如果本职工作都做不好,是很难实现更

高的目标的。"小程站起来准备离开,又忍不住问了毛园长一个问题:"那我什么时候可以像我的同学一样呢?"真是个单纯的年轻人!毛园长忍不住笑了:"每天努力工作,努力不一定可以实现目标,但是不努力肯定实现不了目标。"小程纠结的表情终于消失了,她站起来跟园长告别,迈着轻快的步伐离开了。

温馨提示

上进心是一个人努力工作的动力,园长要珍惜和重视教师的这种上进心,但是对于那些眼高手低、表现平平却希望过高的教师,园长要及时帮助他们看到自己和别人的差别,学会正确地评价自己。一个人悦纳自己很重要,客观地评价自己更重要。一个无法客观地评价自己和他人的人,会觉得自己怀才不遇,生活得很不快乐。作为管理者,园长必须帮助这类教师解开心结,不然这种负面情绪会影响他们的工作,严重的甚至会影响他们的精神状态。

有一所幼儿园的一位教师就是因为这样的原因得了严重的抑郁症。这位教师一直自视甚高,觉得自己比其他人都优秀,而事实上在那所幼儿园,她只是能力一般的教师。老园长退休之际,她满心以为新任园长会是自己,没想到上级却派来了一位新园长。她心态调整不过来,又是发匿名信,又是拉帮结伙捉弄新园长,最后弄得自己疲惫不堪,得了严重的精神抑郁症,不得不离开幼儿教师的工作岗位。

一个人在自己的职业生涯中会达到什么样的高度,既和自身的能力水平、努力程度有关,更和天时、地利有关。许多事应该享受努力的过程。假如不懂得享受自己一路努力的过程,那么人生将会始终在期盼和不愉快中度过。

9. 当助理"背叛"自己时

情景再现

上级单位突然打来一个电话:"你们园的助理带着一些教师在教育局呢,情绪比较激动。"这个电话一下子把李园长惊着了。因为中午时助理还在她的办公室里聊天,原定今年要离开园长岗位的李园长由于一些政策的变动,还需要继续留任,所以中午时她和助理聊了半天工作。当时,她一点儿也没看出助理有什么问题。

"请问能告诉我,他们要解决什么问题吗?"李园长有点焦急地问。电话的那一头,对方沉默了一会儿,说还是请她去一趟当面解释比较好。到了教育局,她得知了一个让她难以置信的消息,助理带着一些老师去教育局是因为她自己要当园长,希望上级按原来的安排调走李园长,之所以带了那么多老师去,是想证明大家有同样的要求。

临场应变

面对情绪激动的助理,李园长非常失望,只要求上级按程序处理这件事。当然事情很快就平息了,那些跟着去教育局的老师事先也不知道去做什么,还以为助理传达的是园长的指示,糊里糊涂地赶过去,到了才知道怎么回事,于是也就散了。

事情虽然结束了,李园长依然留在自己热爱的岗位上,也仍然很友好地接纳了助理,但是她不得不思考:为什么助理会这么对待自己呢?在培养助理的过程中,李园长沿用了师带徒的模式,对助理极为关爱。由于是

自己亲自带的关系，助理成长的道路比别人顺畅许多，评先进、评职称、评论文，她样样走在前列；逢开会、逢活动，自己也经常带着她。可能正是因为成长道路过于顺遂，让助理产生了优越感，逐渐滋长了她的骄傲自大心理，毫无感恩之心。

  李园长知道，短时间内改变助理的心态是不容易的，只有慢慢地调整。没想到此事过后不久，助理的丈夫调到另外一个城市，助理也跟着去了，临走时她留了一封信给李园长，信里给出的答案印证了李园长的想法："园长：原谅我所做的一切。内心里，我一直是感谢你的，我从一个什么都不懂的小姑娘成长为你的助手，学会了很多东西，也获得了很多荣誉。但是你让我获得的东西太多太早了，以至于我迷失了方向。我一直觉得自己应该去更广阔的天地飞翔，虽然我试飞失败，而且是抢跑，不过不是失败让我无颜面对，而是你的宽容让我无地自容。"

  助理事件也给李园长带来启示：不是每一种关爱都会结出甜美的果子，如果这种关爱没有要求和约束，就会存在很大的隐患。在培养新教师的过程中，一定要宽严结合，注重品德培养和做人教育，不能放松对新教师的要求。平时不提要求，关键时刻就会出问题。

温馨提示

  幼儿园现行培养人才的模式不利于健康的竞争。现行的提拔园长的机制基本上是一对一的，也就是说老园长退休或调任以后，就由副园长或园长助理接手，一般情况下，不可能有很多人竞争同一岗位的情况出现。这样，不在候选人行列的教师即使再优秀也没有机会。对于有机会的候选人来说，如果园长不退休或不调任，那么他想提升的机会几乎等于零。幼儿园不像其他机关或单位，这个岗位没空缺，还可以竞争另一个岗位。因此，所有候选人的目光盯着的只有现任园长，对于久久不退的老园长，即使是其一手栽培起来的小助理也难免会心生怨气，怪老园长挡了自己的道。本例中的小助理就是以为园长要退休了，自己的目标即将要实现了，结果一纸文件令她希望落空，于是她采取了这种冲动的行为。

要避免这种令人遗憾的局面出现，首先需要改变幼儿园候选干部的培养方式，尽量多园联合培养，不局限在本园提拔培养；其次，不要过早地将年轻教师列为候选人，以免年轻人很早就把心思放在位置的争夺上，忽略了教学水平以及做人修为的提高；再次，园长最好不要亲自带徒弟，以免令其他教师感到不公平。如果园长丰富的教学经验需要推广，可以尽量同时带几个徒弟，不把重点放在某一个人身上；即使园长真的只带了一个徒弟，也建议不要把这个徒弟列入后备干部队伍，以免干扰正常的培养考核工作。

10. 当同事关系被挑拨离间时

情景再现

周一上午，王园长心情愉快地走进幼儿园，迎面遇上一早等着自己的冯老师。冯老师眼睛红红的，一开口就带着哭腔："王园长，我不想当这个班主任了，这个新老师我也不带了。"王园长立刻把冯老师带到了自己办公室。还没坐稳，冯老师就开始大倒苦水："我不要再带这个小金了，她又在外边说我的坏话，我辛辛苦苦地指导她为什么呀？好心没好报，我不想和她搭班了。"

临场应变

见冯老师情绪如此激动，王园长知道必须把事情弄清楚方可解开她心

里的疙瘩，于是问："你听到些什么？是小金说的吗？""我听人家说的，小金对别人说我对她很苛刻，班里事情都叫她做，别的班的班主任都没有我这么厉害……我真是好心被当成驴肝肺。"据王园长对小金的了解，她绝不可能说出这种话来，就对冯老师说："你先回班里，等我找小金了解一下情况，一定帮你把这件事搞清楚。"

前脚送走冯老师，后脚王园长就找来了小金："小金，最近班里工作怎么样？和班主任相处得好吗？"不问还好，一问倒问得小金两眼红红的："王园长，我本来不想跟你说的，既然你问了，我就不顾虑了。最近，我心情很不好，他们跟我说冯老师常常到你这儿告状，说我这儿不好、那儿不好。反正我怎么做她都看不顺眼，你给我换个班主任吧，我想到俞老师班里。"

听到这里，王园长大概已经知道事情的来龙去脉了："我从来没听冯老师来反映过你什么问题，你这些都听谁说的呀？"小金有点不相信："没跟你反映过？可是俞老师说她经常说我坏话，还说别的班主任对新教师都很好的，就冯老师对人特别苛刻。""那你实事求是地想一想，冯老师对你苛刻吗？你从她那里学到东西了吗？"小金沉思了一下，有些迟疑："仔细想想，好像也不算苛刻，她带班严谨，我的确学到好多东西。不过被俞老师一讲，有时候心里就慌起来了。"

整件事情很清楚，就是俞老师在中间起了不好的作用。俞老师在幼儿园最不愿搭理的人就是冯老师，这件事上，俞老师完全是损人不利己。王园长开诚布公地询问了俞老师。俞老师见事情无法掩盖，索性就全承认了，她这么做的主要目的是想自己带小金，她觉得自己在幼儿园没有朋友，小金这人看上去不太有心机，如果和自己搭班的话，自己可以有个朋友。王园长帮她分析了这么做的不妥之处，首先，世上没有不透风的墙，造谣迟早会露陷；其次，想和谁搭班不是靠自己在下面做小动作就可以实现的；第三，也是最重要的一点，这么做是不道德的。

在傲通俞老师的思想工作以后，王园长找机会分别向冯老师和小金老师做了解释，一场风波总算过去了。

> **温馨提示**

俗话说，三个女人一台戏。幼儿园里女教师多，自然是非也多一些。有些是非园长可以当没听见，不必理会；有些是非却是一定要搞清楚的，不然不利于工作，更不利于教师成长。像案例中的事件，园长一定要帮她们厘清是非，因为凭当事人自己的力量无法搞清楚来龙去脉，每个人只听到传到自己耳朵里的信息，用错误的信息揣摩对方，无端滋生出很多不必要的矛盾，影响幼儿园整体工作的进行。

在一个团队里存在一两个好搬弄是非、不惜诋毁别人名誉为自己铺路的人并不罕见，这些人这样做大抵不外乎几种原因，一是自身能力不济；二是嫉妒心理；三是与他人交往能力较差，没有朋友。虽然在生活中这种造谣生事、搬弄是非的人很遭人痛恨，但作为一个团队的管理者，绝不能轻易把他们开除出团队就算完事。园长要注意做好这些人的思想工作，关心他们、引导他们，努力使他们不再陷入虚荣和嫉妒的怪圈，尽量以阳光的心态看待周围以及同事。

此外，园长要记得，面对谣言，直截了当澄清事实是粉碎这些谣言的最佳利器。可以使造谣者无处遁形，因而也避免了谣言再次产生。

11. 当教师私下拉票时

> **情景再现**

自从开展每月一次的文明班级评比以后，各班教师积极性特别高，冯

园长觉得大家都很珍惜这个荣誉，尤其是把介绍班级的文字和照片挂在幼儿园宣传栏时，获奖的班级总是觉得特别光荣。这个月的评选又开始了，各班介绍了本月的工作亮点后，副园长介绍了本月各班家长的表扬信以及意见信的情况，然后把选票发下去，当场评选，当场唱票。

最终，托班"苗苗班"获胜。冯园长颁发了奖杯，向苗苗班的老师表示了祝贺。她正打算返回办公室，大班的朱老师跟了过来："冯园长，评选不公平！以后还这样评的话，我们干脆不参加了。"在一场公平公开的评选活动后听到这样的话让冯园长很意外。

临场应变

"评选结果是当场表决的，你觉得哪里不公平呢？"朱老师撇了撇嘴："公平？你看不到的东西太多了！今天苗苗班的当选就是韩老师拉票的结果。她一早就到每个班去说过了，要大家选她们班，下次她会组织大家再选其他班。"

冯园长听了着实有点震惊："你们真的是因为这样才投票的吗？"

"她说我们如果不投，她能算出来是谁没投的，谁这次不投的话，下次她会叫大家都不投谁。这么霸道的老师，我们不得不评她们班先进，不过心里真的很不舒服。"朱老师显然十分激动。

这个消息把冯园长打了个措手不及，她没料到幼儿园还会发生这样的事，尤其是在自己眼皮子底下。在一个公开、公平的选举背景下，竟然还存在这样的"交易"。

冯园长紧急召开了园务会议，找来几名相关教师了解了情况，会后决定收回苗苗班的奖杯。决定一出，苗苗班的韩老师就火冒三丈地冲了进来："冯园长，凭什么取消啊？我们可是被大家选上的！"

冯园长不急不忙地取出会议纪要："取消的理由已经发到办公平台，上面有详细说明，我想你自己肯定清楚，如果还想更清楚，你可以看一下会议记录。"看完记录的韩老师有点儿垂头丧气，但还是竭力辩解："我只是说说呀，最后还是他们自己选我们班的，他们不认同可以不选呀。"

"作为一名资深的班主任，做这样丧失原则的事你觉得合适吗？即使你们班真的有许多胜于别班的地方，也会因为你这样的行为失分，这一点你难道不懂吗？我们之所以要评选先进是为了什么？是为了让大家向做得好的班级看齐、学习，你觉得现在让别人向你学什么？学你拉票吗？"

冯园长语重心长地和她谈了很久，韩老师自己也意识到这样做的错误之处，主动交还了奖杯，还写了一份认识深刻的思想汇报。

温馨提示

幼儿园里经常会开展评选先进的活动，因为可以促使大家比学赶超，相互竞争，把教学工作做得更好。但好的出发点不代表一定会有好的结果，像这次评选中出现的状况，就是因为评选之初的环节失控造成的。如果幼儿园允许这种故意拉票的现象存在，那么所有的评选将失去其存在的意义。教师们将不再重视这种评选，也不会把获选视为荣誉，久而久之还会形成不良风气以致影响整个园风。因此，彻底杜绝各种形式的拉票现象非常重要，不容忽视。

拉票现象的存在，关键在于个别人好胜心太强，以至于不择手段。恰当的好胜心可以促使一个人不断向上，超越自我；但过于狭隘的好胜心，常常会使结果与初衷背道而驰。为了尽可能避免这种现象，园长要时刻注意幼儿园价值观的取向有没有偏差，会不会在一些具体活动中逐渐偏离方向，比如过于重视评选结果而忽视教师平时的工作表现，过于重视票选而忽视日常检查和数据积累。一旦如此，一些教师就有可能通过不正当的手段来赢取选票，从而放松平时的工作，一切只围着评比转。

管理经验丰富的园长应该学会驾驭日常管理和非常规管理之间的平衡，要自如地把一些评比活动、非日常性的主题活动有机地融合在日常教

学管理中，使评选活动能够全面展现平时的工作成果，不以"选票"论英雄。园长要了解每一个班级、每一位教师的工作情况，在此基础上，还要科学、理性、公平地对教职工的工作做出评价，避免一叶障目，力戒以偏概全，更要避免戴有色眼镜看人。

12. 当副手背后拆台时

情景再现

刚吃罢晚饭，陈园长家的门就被敲开了，幼儿园的保育员小傅和她的先生不请自来。看着两人凝重的神情，陈园长估计不是什么好事情。她递上两杯水后，问道："怎么了？有什么不开心的事吗？"小傅头也不抬地说："我到底哪里得罪你了？你要这样对我？"这真令陈园长丈二和尚摸不着头脑。

"发生了什么事？你不要急，慢慢说给我听。"陈园长觉得事情有些蹊跷。小傅的丈夫很生气地打断她："你不必假惺惺！如果你敢这么对我们，我会跟你没完的。"看着两人气得满脸通红的样子，陈园长请他们平静下来细说原委。

原来今天下午副园长跟小傅说，在今年暑假的招聘中她将被淘汰，还说，已经尽力帮她争取，但是陈园长不肯……听到这里，陈园长已明白事情的大半：副园长分管后勤，对小傅一直不满意，这个学期一直跟自己要求辞掉她。在听了副园长多次反映后，陈园长答应副园长亲自考察一下小傅，如果真的不合适，那么暑假重新招聘时可以考虑另外招人，人员由副园长自己挑选。陈园长没料到副园长会来这么一招，估计是怕小傅被辞退时会想到是自己的主意，所以先卖个好。但副园长肯定没料到小傅反应这么强烈,当晚就来找陈园长了。

临场应变

陈园长觉得如果对保育员说出整件事情的真相非常不妥,也不利于整个领导班子的形象,于是说:"小傅,我不知道你是不是听错了,这不是事实啊。招聘还没开始,你怎么就知道会被淘汰呢?何况招聘时要依据考核情况的,如果你比别人强,怎么会淘汰你呢?"

"真的吗?"小傅将信将疑,"你不是已经决定了吗?"

"没有这样的事情。即使真的要淘汰你,也不是我一个人能决定的,要整个园务班子投票的。"

在一番推心置腹的交谈后,小傅夫妻俩终于平静下来,告辞离开了。

可是陈园长的心情一点儿也不轻松,自己很信任的副手做出这样的事情令她始料未及。但是在这么多年的管理工作中,陈园长明白,所谓"一个好汉三个帮",再能干的正职,要出成绩创业绩,还是要靠合作,没有集体共同的努力,一个人的力量再强大,再有智慧,也干不成大事。为了将来能继续合作,陈园长决定第二天将此事和盘托出。

第二天,陈园长开诚布公地向副园长说出整个事件,副园长的脸色从尴尬变到难看,后来她说想一个人去静一静。到了中午,副园长跑来对陈园长说:"这件事我做错了。你以后还信任我吗?还愿不愿意与我合作?如果不愿意,那么我今天就辞职。"陈园长笑着告诉她:"因为还想继续合作,所以我才把这件事毫不掩饰地告诉你。"

在以后的合作中,类似的事情再也没有发生。

温馨提示

正副职之间的合作关系向来比较微妙,常常是只可意会不可言传。一

般而言，一个强势的正职配一个较为弱势的副职，其合作会比较愉快，因为可以相得益彰，互为补充。如果是强强搭配，强的副手总是希望能够超越正职，而强的正职一般不会把更多的机会提供给副职，就容易产生冲突和矛盾。

当然，并不是每一位弱势的副职一定可以辅佐正职做好工作，副职如果没有足够的能力树立起自己的威信的话，可能会选择使用小动作来帮助自己获得群众的"爱戴"，就如上述例子中的副园长。如果正职身边始终存在这么一位副手的话，会给工作增加相当大的难度。至于这样的正副职组合能不能继续合作下去，就要看开诚布公后各自的态度了。

陈园长选择了推心置腹，化解了这场风波，可能一定程度上也解开了副职的心结。俗话说：灯不点不亮，话不说不明。既然话都说开了，大家都是为了工作，目标一致才是最重要的。

同时，在幼儿园里，正职需要更多地把眼光投向下面，把胸怀敞开，把信任交付，重要的工作敢于下放，重大的责任敢于担当，更多的利益舍得放弃，那么一般而言，与同级和下属的合作会比较愉快。而作为副职，无论自认为有多么聪明能干或是实际能力的确超越正职，都要记住，你始终是副职，是需要服从指挥且保证执行到位的，绝对不可以自以为是、擅作主张，也不可以忘记自己身份，搬弄是非，不然只会使工作朝相反的方向行进，不仅令工作失败，也会使自己威信扫地。假如相信自己的能力真的超越正职，可以勇敢地参与岗位竞争，用实力来争取；因为没有胆量竞争而采用其他上不了台面的方式攻击对手，只会自取其辱。

所谓合作，必然是双向的，无论强弱互补还是强强联合，都需要有坦荡的胸怀和磊落的人品，没有这两项做基础，所有的合作将是脆弱和不堪一击的。

13. 当员工私拿剩菜时

情景再现

幼儿园里小朋友人数每天不定，厨房准备的菜肴有时候会多出一些，因为隔夜菜肴是不允许给孩子们再食用的，故而多出来的菜，有时候会由管理后勤的负责人出售给需要的教职工，如果无人需要，就只好倒入泔水桶了。这种做法的确很浪费，但除了尽可能精确地提供每日幼儿的需要量，似乎也没有其他更好的办法了。不过这几天的情况和以往有些不同，中午的菜总是正好，没有多余的，毛园长正在得意最近的后勤负责人控制得好时，魏老师走了进来："毛园长，有人反映今天的菜有好大一盆被陈阿姨藏起来了。"

临场应变

"什么叫藏起来啊？"毛园长被魏老师的话搞糊涂了。

"就是陈阿姨把菜拿回家了。"陈阿姨是厨房的一名工作人员。

"有这种事？你确定？"毛园长有点儿惊讶。幼儿园一直以来教育教职工为人师表，厨房人员更加要防止"监守自盗"，这种事在园内应该是不会发生的。

魏老师停顿了一下，很确定地回答："小王看见了，当时陈阿姨正好拿了一大盒菜放在了自己的柜子里。"

毛园长决定去现场看一下。

"陈阿姨，你的柜子可以打开给我看看吗？"来到陈阿姨休息的地方，

毛园长提出了要求。陈阿姨看起来有点措手不及："我的柜子没什么好看的，你要看什么呀？"毛园长单刀直入："有人说看见你私拿了幼儿园的菜放在柜子里了，我想调查一下。如果查无实据，我要请那位造谣的老师来向你道歉，挽回你的名誉。"陈阿姨脸上青一阵白一阵，十分不情愿地打开了柜门。柜子里面果然有一大盒菜，就是当天中午幼儿园的菜。

陈阿姨被请到了园长办公室。"陈阿姨，你知道你今天这种行为的性质吗？在幼儿园，如果教职工都可以随便拿孩子们吃的东西，你觉得家长会怎么看我们？你觉得同事会怎么看你？"

陈阿姨的脸红了。"我知道这个做法是错的，但我看每天多出来的菜都被倒掉了，很可惜，还不如我拿回家吃。"她小声说。

"可是你今天是在给小朋友分菜之前就把这菜留下了，是吧？这根本不是剩菜啊，这其实原本应该是小朋友嘴里的菜，对吗？"

陈阿姨的头更低了："可是，如果小朋友吃不下还是会剩下的。"

"小朋友剩下多少菜，每天保健老师会来看，会及时调整供应量；饭菜多或少，都不是你私拿的理由。小朋友就餐结束，剩余吃不完的菜，幼儿园是有专门的老师负责处理的，这你也知道的，对吗？所以你今天这样的行为是违反了厨房工作人员条例的。"

第二天，幼儿园召开园务会议，按条例扣发了陈阿姨的工资，陈阿姨也上交了一份深刻的检讨。过了一段时间，幼儿园在厨房装了监控设备，进一步加强了厨房的安全监管工作。

通过这件事，毛园长也认识到幼儿园在层级管理上不到位。教职工会偷拿饭菜，明显是后勤部门的管理缺乏力度，也反映出平时后勤部门的教育和检查工作有疏漏的地方。幼儿园出了问题往往都等着园长处理，于是一些小问题慢慢变成了大问题，下面各个层级缺乏把错误扼杀在萌芽中的能力。一所幼儿园的管理是否规范有序，不在于园长一个人的管理理念和管理能力，而是在于每一层管理者的理念和执行力，其中任何一个层级的不作为或能力缺失，都会成为整个幼儿园管理的短板。

第一章 同事行为的应对技巧

> **温馨提示**

每所幼儿园都会有一定的规章制度，是否有用，关键就在于执行力。丧失执行力的规章制度，其实就是一纸空文。毛园长在处理剩菜私拿问题上照章办事，干脆利落，很好地体现了制度的力量，既处罚了当事人，又教育了大家。

在幼儿园的管理中，园长最容易犯的毛病不是过于严格，而是太过讲人情，很多园长在处理教职工犯错问题上，常常以"下不为例"来应付了事，却不想接下来的问题由于"下不为例"而变得层出不穷。每个犯了错的人都强调自己是第一次，结果出现了越来越多的违反规章的小错，但是管理者处罚不下去，因为前面有不处罚的先例。

幼儿园、学校虽然不是纪律部队，但并不比纪律部队要求低，因为它的成员肩负为人师表的重担，如果教师都习惯于不遵守纪律，怎么能培养出遵章守纪的学生？身教永远重于言教。教师所表现出来的道德面貌，既是学生认识社会、认识问题、认识人际关系的一面镜子，也是学生道德品质成长的最直观、最生动的榜样。因此，教师必须具有崇高的品德和高尚的行为，才能达到育人的目的。

教育学生不是一项一劳永逸的工作，培养和提高教职工的素质更不是一项"短、平、快"的工作，它既需要教师的自我教育和自我约束，也需要制度的约束和监督。因此，本例中为厨房安上监控设备也是一种很好的方式，既方便管理，也督促教职工自觉有效地避免了同类事件再次发生。

幼儿园园长临场应变技巧50例

14. 当教师挑动家长闹事时

情景再现

双休日，一阵急促的电话铃声打破了家里的宁静，还没等莫园长把电话对准耳朵，超大分贝的声音就从听筒里传了出来："莫园长，你们幼儿园太黑暗了！我今天才知道我儿子运动会没有得奖，是因为有黑幕。"莫园长感觉出其中必有蹊跷，于是平心静气地问："请问，您是哪位？您说的是什么事？可以让我知道个大概情况吗？"

电话另一端的家长可能也意识到了自己的鲁莽，忙介绍了自己的身份，说是大班孩子小满的家长，她说从班级老师处得知前几天体育比赛中自己儿子应该得奖而没有得奖是因为裁判不公正，偏袒另一名叫动动的孩子，而动动的家长是领导；她已经查到了动动的住址，准备今天冲到动动的家里去理论，问他们拿了这样的奖是否心安？

临场应变

莫园长从电话中已判断出该家长是个急脾气，当下事实不清，情况也不明，一下子难以解释，只能好言相劝："小满妈，你不要急，这件事可能不像你说的那样，你等我了解一下，可以吗？这么贸贸然到别人家去也不妥啊！"小满妈高八度的声音传了过来："莫园长，那个偏袒孩子的老师就是你啊！你还说什么了解情况！"莫园长知道这家长肯定听了什么人歪曲事实的话。

"那好吧，既然你觉得是我偏袒了那个孩子，那么请你周一到幼儿园，

36

我们见面谈谈吧。我再去复查一下,如果是小满的比赛成绩好,那么荣誉和奖品一定补给小满。"家长大概发了脾气以后心里也舒服点了,答应莫园长不去动动家闹事了。

周一一大早,莫园长就调出了体育比赛的全部成绩,小满和动动是分在两组比赛的,小满是一组第一名,动动是二组第一名,而根据秒表的时间记录,动动更快一点。获奖记录里是动动第一名、小满第二名,而且记录单上都有家长委员会的签名。小满妈见到这些记录单,表情相当怪异:"啊?我儿子是第二名?那孩子所在班的老师怎么说我们小满第八名都没轮上?要是知道是第二名,莫园长,我不会生气啊!因为我儿子是小组第一名,我看见的,结果老师说我们什么名次也没有,是因为让给了领导的孩子,你说我生不生气?"

"小满妈妈,比赛完当天就颁奖的,你肯定是提前离开了,所以没听到获奖名单,没领奖的小朋友的奖品我们当天就发到班级了,你去班里就可以领到。"

5分钟后,小满妈妈过来向莫园长道歉:"对不起,我昨天太冲动了。小范老师已把奖品给我了,她说那天忘记了,不记得奖品这事了。说偏袒的事也是情急之下自己判断的,你不要批评小范老师,总之是我不对。"

莫园长送走了家长,心里却轻松不起来,因为她清楚地知道有一位教师在刻意地挑拨家长,无事生非。于是她找来当事教师小范,单刀直入地询问,没有给她第二次撒谎的机会。小范老师承认自己一时办了错事,希望给她一次改正的机会。其实莫园长心里很清楚,小范不是一时糊涂,而是有预谋的,但目前的关键是杜绝这种现象,而没必要去深究她的动机。莫园长接受了小范的检讨,园务会议决定延长她一年转正期,重新考验她。小范也接受了教训,在此后的工作中表现不错,再没犯过类似的错误。

温馨提示

　　我们很容易一厢情愿地认为师范院校毕业的学生都应该是优秀的，因为"学高为师，身正为范"是师范院校育人的根本理念，教师就应该是社会的楷模。但在当下环境中，若还执著于这样的想法，有时会显得比较天真。当下幼教界，教师收入不丰，地位不高，很多幼儿教师只是普通的签约教师，每月收入甚至比钟点工、保姆还要少，如此待遇又怎么能奢求幼儿教师甘心栖身于幼儿园？师资的短缺以及师资素质的下滑一直是园长们头痛的问题。在日常工作中，努力提高教师的教学能力以及教师修养，是每一所幼儿园的必设功课。

　　像小范这样的新教师，虽然不一定每所幼儿园都有，但是诸如此类的糊涂事时有发生。一些修养不够好、对自己要求不够高、看问题能力又比较差的教师，在面对一些突发事件时常常会冒出旁人难以理解的想法，比如小范，做此糊涂事，缘于她好胜心强，很希望自己班拿冠军，当结果未如自己期望时，就用自己的理解来解释事情的因果，甚至不惜隐瞒真实情况给当事人传递错误信息，希望通过家长的不满情绪来宣泄自己班拿不到冠军的不满，结果弄巧成拙，反而使自己下不来台。作为园长，绝不可以姑息这种错误思想的存在，尤其是这种挑动家长闹事的极端错误行为，更不容许发生。延长一年考察期对新教师小范来说是一个警醒，也是一种帮助，可以让她懂得如何为人师表，如何与他人相处。

　　对新教师的教育指导不仅关系到教师自身的成长，更关系到幼儿园整体的发展方向。像本例中的小范，幼儿园并没有因为一个错误而对她"另眼相看"，而是对她及时进行了帮助，而且在此后还不断关注她的工作，并给予各种机会促使其提高专业能力，使小范逐渐成长为一名骨干教师。

15. 当教师爱"扯大旗"时

> **情景再现**

小莉是今年新调来的教师，一来单位给人印象最深的话就是："某某领导和我很熟的！"似乎凡是能管幼儿园的领导，没有她不熟的。今天上午，王园长又没在办公室找到小莉。快10点的时候，小莉回到幼儿园，听同事说园长找她，就径直来到了园长办公室："王园长，刚才张局长找我，我去了趟他的办公室。"类似的话王园长已经听到很多遍了，小莉在上班时间进进出出也不是第一回了，不过搭班的老师也只是背地里发发牢骚，不太愿意得罪她把这些事说出来。

> **临场应变**

"小莉，张局长找你有什么事吗？""也没什么，还是谈谈幼儿园的发展啊什么的。对了，今年我们幼儿园评级的事我跟张局长说过了。"王园长笑了，其实小莉不在岗的这段时间里，王园长已经联系过张局长。"小莉，今天上午张局长在开党委会呢，他怎么有时间找你谈幼儿园的事呢？"小莉语塞了："是，是上次谈的嘛，今天去，他不在，我就回来了。""这么说来，你就是未经允许擅自离岗了？根据幼儿园的规章制度这是要受处罚的。"

处罚单公示后，在园里引起了不小的震动，本来认为小莉背后有靠山、幼儿园不敢处理她的议论渐渐消失了，小莉在同事面前时不时宣称只要自己想要什么，某某领导肯定会帮她之类的话也渐渐听不到了。

温馨提示

在一个单位里，总会有一两个同事喜欢吹嘘自己与领导关系有多亲密，以衬托自己多有能耐，目的就是希望能增加自己在同事心中的砝码，因为狐假虎威可以使自己看起来更有地位和面子。这些喜欢吹牛的人，大都是各方面能力相对较弱、自己不太肯在工作中付出努力，但心里又想获得比别人更多成果的人。这些人在某些小环境中也会有市场，因为总有人希望通过她的关系网得到一点好处，于是就会有人心甘情愿地帮她打掩护、做假证。这种现象看似不影响教学工作，却破坏了幼儿园整体的氛围和教学风气。

事实上，并不会有那么多领导愿意为这些不要求上进的人员打掩护。也许开始的时候这些人的确是由于领导的引荐而进入了幼儿园，但往往这既是开始也是结束，之后领导们很可能与他们不再有任何联系，即使有联系也不可能乐意他们打着自己的旗号到处招摇。作为园长要杜绝这种风气，最好的办法就是戳穿他们的谣言。

像本例中的小莉，有一段时间单位分宿舍，按照分数她可以拿补贴，但不能分到宿舍，她却跟同事一再强调是自己不要，如果她想要，就是某某领导一句话的事。这些话不仅明显是谎言，而且已经影响了领导在群众心目中的形象。因为每年安排宿舍时王园长都是领导班子成员之一，期间根本没有任何领导来打过招呼，所以王园长当即就把她的话截断："某领导从来没有为你的私事来要求过幼儿园。据我了解，某领导也是断然不会提出违反原则的要求的。你还是等自己符合条件了再来申请吧。"牛皮吹破了也就没法再吹了，可怕的是就有个别园长听信了。只要听说谁和领导有亲戚关系，就不自觉地放松了评判的标准，想借助"高枝"来谋取私利。

在讲求熟人经济、人情关系的大背景下，可能很多园长都没有信心在幼儿园建一片"世外桃源"。大家都在拼爹拼娘拼关系，幼儿园怎可能例外呢？但事实上，无论在任何地方，只要管理者敢于坚持正义、公平处事、开诚布公，就有可能杜绝这类事情的困扰。尤其幼儿园环境相对单纯，与外界联系不是特别紧密，更有得天独厚的条件。有句话是"从我做起"，许多事毁就毁在只顾妄发议论、妄加抨击，却忽视了如何从我做起。

另外，对于狐假虎威、爱扯大旗的同事，园长应帮助他们认清自己、发现自己的特长、看清自己的弱点、加快自我提高的过程，在工作中享受自己努力带来的幸福感。如此一来，狐假虎威的习惯也会从根本上得到改正，因为通过自身的努力也可以赢得同事的好感和尊重，自然不需要谎言来修饰了。

16. 当教师晋升职称失利时

情景再现

蒲老师是资深班主任，今年申报高级教师。材料交上去后，她一直信心满满、十分笃定，因为她工作年限比较长，和她一起送审的两位教师工作年限都比她低，她觉得自己稳操胜券。

评审结果下来后，两位年轻的教师评上了高级教师，蒲老师却没有被评上。蒲老师当即就爆发了，从评审制度抨击到社会风气，从功劳苦劳谈到职业倦怠，总之诸多不满全部加诸于幼儿园以及上级评审部门。

毛园长知道蒲老师肯定会发脾气，所以准备去她的办公室跟她聊一聊。毛园长的脚还未跨出办公室，蒲老师已经敲开了她的门。

"毛园长，我就是想不通，三人中我工龄最长、年龄最大、资格最老，就算评上一个也应该是我，怎么会是她们两个被评上，我却被刷了下来

呢？我觉得太不公平了，评委简直就没长眼睛！"蒲老师一边说着，一边气冲冲地把桌上的一叠杂志拿起后又重重地摔回桌上。

临场应变

毛园长早就预料到蒲老师的冲动行为，转移话题问："对了，你这次职称评审的专业考试成绩怎么样啊？"蒲老师的眼神有点闪烁，声音低了八度："这个又不重要。"

"很重要的！如果考试成绩不到60分，是没有资格进入最后一轮评审的。"

蒲老师明显有点底气不足了："那总还要参考一下工作年限嘛。"然后声音更低地嘟囔了一句："这次考得倒是不太好，没及格。"

"你看，你自己都知道软肋在哪里，不及格就不具备资格参加评审，你是老教师了，应该很清楚啊。"毛园长观察蒲老师的表情，知道她已经不像刚才那么激动了，就开始跟她摆事实讲道理："职称考试没过关就无法进入评审最后一轮，这个你是知道的，对吧？另外，这几年你几乎没有写过一篇论文，这次参评的论文也是刚刚送审合格，对不对？其他两位老师每人都有获奖论文，这个你也很清楚。其实你心里是知道自己的差距在哪里的，只是还抱着一点侥幸心理。"

蒲老师已经完全平静下来了，毛园长又不紧不慢地说："这几年你家里的事情忙得多了一点，花在幼儿园的精力少了一点，这固然情有可原。但所花精力之多少，在关键时候还是会显现出区别的。所以我们应该一起来分析一下，怎么争取在明年评上高级教师。"

蒲老师感到毛园长是真心关心自己的，就认真听毛园长分析起来，她一边听，一边点头，终于重拾了信心。

第二天，毛园长亲自去了一趟教育局，向分管职称的领导了解了蒲老师晋升失败的原因，为帮助蒲老师下一年评审寻找应对措施。这一年，毛园长鼓励蒲老师参加了公开课的竞争,承担了部分公开展示课;又帮助她总结了一些教学经验,提炼成比较有价值的论文。这一年蒲老师的论文获得了一个市里的奖项。

来年的职称评审,蒲老师终于顺利通过。

温馨提示

面对挫折或失败时,有些教师的反应是发牢骚或者抨击当下环境,以为这样口头上过瘾了,心里就舒服了。其实不然,发牢骚、叹苦经、诉冤屈,改变不了既成的事实,若是现状一直不改变,则心里永远不可能舒服。

这些老师比较欠缺的是自我反思以及自我评价的能力,可能从幼师一路过来都没经历过什么挫折,遇到事情习惯于找客观原因,很少去分析主观上尚缺些什么。若是遇到同事成功自己失败,就认为别人运气更好些,自己倒霉些;很少去挖掘自己不如别人的地方。这样的心态若是只存在于自己的意识层面,则只危害自己。把这种不正确的判断再加上自己的臆想和猜测,做一些不实事求是的议论,会干扰和影响同事们对事物的判断,导致消极影响的产生。因此,必须及时化解教师心中的郁结情绪,让他们能跳出自己的狭隘视角来看问题。

除了帮助他们解开心结,更重要的还要帮助他们通过了解自己的弱点找到努力的方向,在找到方向和路径以后,园长要为他们提供切实的力所能及的帮助,帮助他们完成凭一己之力无法独立完成的任务,由此,一方面帮助他们积累材料,另一方面也培养和锻炼他们的能力,当他们实现以前没能实现的目标时,会由衷地感到自信和愉悦。

教师的成长是一个漫长而持续的过程,作为园长一定要有全局战略和重点战术,要把培养和帮助每一位教师作为自己的一项重要工作。把每一位教师的进步都要放在心上,让每一位教师都感受到园长的关注和帮助,

尽量不要让任何一位教师掉队。

17. 当教师对工作感到倦怠时

情景再现

快放学的时候，邵园长突然发现原本应该在木工房活动的大（2）班竟然在教室里，就进去询问。大（2）班老师说因为木工房今天有安排，所以临时取消了活动。可是据邵园长了解，幼儿园木工房今天并无其他安排，于是她来到副园长秦老师的办公室询问缘由。

被邵园长一问，副园长秦老师才想起来，是自己看错表格，把上周的记录看成了这一周，所以通知错了。

最近一段时间以来，秦老师常常犯类似错误，不是忘了通知，就是忘了检查，跟以前刚当副园长时的工作态度截然不同。向她指出问题，她却总是显得满不在乎，过几天又有新的疏漏出现。而且最近也有很多老师反映，秦老师常常到班里聊天，聊天中说起，自己和邵园长年龄差不多，看上去这辈子当园长的希望有点渺茫，就在这副园长的位置上养养老算了。一个三十开外的副园长竟然谈养老，没有工作热情了，这是一件多么可怕而令人心痛的事情！恰好遇到今天这事，邵园长准备与秦老师好好谈一谈。

临场应变

"秦老师，最近家里有什么事让你分心吗？工作上好几次出现疏漏，以前你不是这样的呢。"

第一章 同事行为的应对技巧

看得出,秦老师有些难为情:"哦,没什么事。最近是我不好,工作粗心了。"

"粗心一两次还算正常,如果每周好几次,我觉得有失你的水准啊!你当初可是凭能力竞争上岗的,经常犯错误,如果不是能力问题,就是态度问题了。"邵园长语气不重,似乎还开着玩笑,但她的意思秦老师已明了了。

"是的,最近我不在状态,对不起。我下周一定尽量改进。"秦老师的态度还是很诚恳的。

"是啊,一件工作做久了,可能会慢慢懈怠,现在你意识到了就好。那么下周我们来看看你调整得效果如何,怎样?"

秦老师脸有些红了,她点点头,离开了园长办公室。

温馨提示

俗话说,响鼓不用重槌敲。秦老师从邵园长短短的几句话里已经充分感受到压力,这种压力迫使她反省和纠正自己的工作态度,因为她已然清楚地知道,如果继续以这样的态度工作,她是不会有机会在这个位置上"养老"的。

幼儿园的一些中层,如教研组长、园区主管、后勤主任等,肩负着承上启下的作用,他们的精神面貌如何,将在很大程度上影响整个幼儿园。一般而言,园内中层的工作态度相对于一般教师而言应该更加积极,但凡事皆会有例外。

任何人,在刚刚获得一个比现有职位更好的职位,尤其是走上自己所期望的管理岗位时,积极性总是特别高。俗话说,"新官上任三把火"。见到什么事都乐意去干,都想干好;然而时间久了,尤其是感觉缺少进一步上升的空间了,慢慢地就会出现职业上的倦怠心理,不愿主动解决问题了,也不太愿意得罪人了。另外,觉得自己已经驾轻就熟,于是连开动脑

筋仔细研究的过程也逐渐被省略了。一些管理者就这样工作能力明显下降，工作失误逐渐增多。

还有一些管理者，上岗时间长了之后，渐渐淡忘自己的职责，认为自己是在替园长打工，于是在处理工作中的一些问题时随心所欲，不按规则办事，在老师面前常常流露出自己并不想为难大家，而是因为园长要求，只好这么干，是没办法而为之。有了这样的管理者，有了这样的情绪，个别教师也会受影响，觉得自己是在为园长打工，没办法才要守这些"清规戒律"。若处于不会被发现或无人监督的状态下，工作马虎点也没关系；一旦被发现，就自认倒霉。

如果出现上述现象，幼儿园就开始进入了不利于工作的"亚健康状态"，一切看似在正常运作，实质上却已是非常被动。要避免这样的现象，园长一定要高度重视幼儿园中层管理队伍的建设，要格外注重与这个群体的沟通与对其的培养，务必使每一位中层管理者清楚地意识到自己的职责以及肩负的责任，并且必须不折不扣地履行自己的职责。

教师的教学水平是通过培训和实践磨炼出来的，中层的管理水平也同样需要培养和历练。但是很多注重教师培训的幼儿园却不重视对中层管理者的培训，教师一旦走上管理岗位，一般就脱离了培训体系，除了教学培训，幼儿园不会为他们开设专门的管理培训课程。所以从客观上来看，幼儿园的中层管理者是靠"自学"来提高自己的管理能力的，于是，天赋好一点、自觉性强一点的，可能工作干得出色些；先天不足、后天无师又缺少自通能力的，工作就做得差强人意。这二者的差别可不能小觑，幼儿园整体的管理水平的差距就在于此。因此，园长要担负起培训和培养干部的责任，帮助他们适应角色、胜任角色，继而创造性地发挥角色的功能。

此外，对于中层管理者，幼儿园必须要有一套严格的考核体系，工作能力和水平不同的中层管理者，应该有不同的考核成绩，他们相互之间还应该经常性地开展学习交流活动，形成一定的竞争淘汰机制，以营造"能者上，平者让，庸者下"的良性用人体系。

第二章 幼儿行为的应对技巧

> 孩子是幼儿园的灵魂和活力所在，他们天真、活泼、可爱，让幼儿园的教师也充满青春和朝气；但是，他们又会不断地给教师提出各种难题和困惑，挑战着教师的智慧和精力。
>
> 本章，园长们运用自己的专业知识和丰富的教学经验驾轻就熟地解决了孩子们提出的各种难题，帮助他们尽情地享受在园生活和游戏的快乐，其中的方法和思路，非常值得幼教同行们借鉴。

18. 当幼儿不肯来园时

> **情景再现**

一早，莫园长又听到欣儿和妈妈在教室门口"缠绵"。欣儿和妈妈每天都是一个说"再见"，一个不让说"再见"；一个说"亲一下"，另一个说"再亲一下"，总之要花上好长一段时间才结束。每天早晨欣儿都是妈妈抱来的，一见老师过来就张开嘴巴哭，其实她在幼儿园哭的时候并不多。妈妈觉得孩子这样不喜欢入园可能是因为不开心的缘故，所以妈妈每天的表情也显得很凝重呢！

一会儿，妈妈带着欣儿去了厕所，欣儿一会儿说小便，一会儿说大便，明显在磨时间。班里的宁老师看见了，走进卫生间准备去接欣儿。欣儿看见老师，把头一扭，她妈妈就有些不放心了。

> **临场应变**

莫园长知道欣儿挑老师只是磨时间的伎俩之一，不过女儿的表现肯定会让妈妈担心，于是莫园长走了过去，因为她了解欣儿，如果她去抱，欣儿会很乐意的。

因为欣儿刚来幼儿园那几天都是莫园长陪着、抱着的，她与莫园长已经有了一定的情感，于是莫园长走过去对欣儿妈妈说："你去上班吧，我在这儿。"欣儿妈妈有点不好意思，因为园长在家长会上说过，新生入园时请家长配合幼儿园，送园的时候最好尽快离开。她认识到这一点但自己没做好，于是收拾了一下欣儿的东西就走了。

莫园长把她从卫生间抱出来，放下，因为欣儿其实不是那种不愿意在幼儿园玩的孩子，只是习惯于每天和妈妈说："我不要上幼儿园。"

欣儿很自然地去了玩具区，她没哭，只是一直牵着莫园长的手。莫园长知道她只是需要一份特别的感觉，要老师特别地属于她。一会儿，欣儿沉浸在游戏当中，不自觉地松开了莫园长的手。莫园长见状放心地离开了。

温馨提示

为了避免上幼儿园，找借口是孩子延长与父母相处时间的最佳方法，一旦形成心理定势，孩子则每天都必须要有这么个程序方会罢手。孩子不愿意上幼儿园，有环境陌生不肯面对的原因，有害怕离开家人的原因，但是一旦父母真的离开，孩子也会马上寻找能让自己适应环境的人或事。只是有些父母做不到放下孩子就走，尤其是孩子恋恋不舍时，父母就更做不到了。曾经有一位年轻妈妈每天送孩子入园后，躲在幼儿园的栏杆后面观察女儿，只要女儿有一点想念家人的表现，妈妈就在栏杆那头开始抹眼泪。

事实上孩子的入园适应期也是父母的适应期，很多父母一边在担心孩子不适应，一边却在无意识地享受孩子对自己的依赖。正是父母这种无意识的反向依恋，增加了孩子适应幼儿园的难度。这种反向依恋的表现有很多种，比如每天问"在幼儿园想不想妈妈啊？""有没有人欺负你呀？"当孩子显得很委屈时，妈妈们会表现出更多的爱意和关怀，而这些互动会对适应期起破坏作用，它们加深了孩子对幼儿园的抗拒。而妈妈们常常陶醉在被孩子全身心依赖的美好感觉中，却不知道这加剧了孩子的不适应。

像欣儿这样的孩子其实是比较适应幼儿园的，只是每天一到和家长分别时总觉得要表现一点什么，这正是家长和孩子互动模式造成的结果。大概孩子也知道哭是自己目前阶段的法宝，不过父母忧心忡忡的表情其实也是造成孩子哭哭啼啼的一个很大的原因。要让孩子高高兴兴地上幼儿园，

首先家长要高兴。家长每天愁眉苦脸、焦虑万分，如何让孩子高兴得起来？为帮助孩子尽快适应，可以在入园前经常向孩子介绍幼儿园的吸引人之处：有很多玩的地方啊，有很多小朋友啊，还剩几天你就可以去幼儿园了，太好了，等等；其次培养幼儿能自理大小便，或培养幼儿能清楚地向成人求助、表达自己要求的能力；另外，多带孩子与周围小朋友玩，让孩子习惯于和小朋友相处，不怕与人交往；带领孩子积极参加幼儿园举办的亲子活动，帮助孩子提前熟悉老师和小朋友。如此这般，孩子自然会很快适应。千万要避免用幼儿园恐吓不听话的孩子："你再哭，再哭就把你送到幼儿园！"一个经常被这样恐吓的孩子，你如何要求他高高兴兴上幼儿园呢？

在幼儿入园适应期，要注意孩子期望"独占"教师的心理，教师是孩子离开父母后最早的依恋替代对象，当孩子觉得没有一个人专属于自己时，会接受不了这突如其来的"冷落"，因此"哭—被抱"成了占有老师的最佳手段，排斥同伴也就成了很自然的反应。老师在帮助孩子尽快适应幼儿园的过程中，要充分考虑到孩子的依恋情绪，但同时不要落入"一哭就抱"的错误强化程序中，要充分关注每一个孩子，尤其对不声不响的孩子更要加强关注，争取让每一个孩子都喜欢上幼儿园。

19. 当幼儿依恋老师时

情景再现

坤坤个头很大，却非常可爱，最有趣的是逢人就叫"阿姨"，入学一周了，从不叫"老师"，见到每位老师都叫阿姨。

刘园长经常去坤坤班里，因此坤坤一见到刘园长就特别亲切，每次都要用手拉着刘园长，不肯放开，尤其是睡觉时，如果老师抱抱他，他就像藤缠上了树，绝对不肯放手，哪怕老师稍稍放一放，他都要以哭来"要挟"老师。在头几天里，刘园长竟然也被"降住"，忘了教育孩子的责任，屈从了他，见到坤坤需要就忍不住抱起他。班里老师都提醒刘园长，不可以这么顺着他了，否则他就要缠上刘园长了。刘园长忽然意识到这是在培养孩子的坏习惯哪！

这天中午刘园长一进教室，坤坤果然像以往那样跑了过来，两手一伸，准备要刘园长抱他睡觉。刘园长却已经打定主意不再犯之前的"错误"。

临场应变

"你们不是该睡觉了吗？你怎么跑过来了？"刘园长故意问道。

"你抱我睡觉。"坤坤拉起刘园长的手就往自己的小床走去。

"小朋友们睡觉都是不要老师抱的，坤坤要和别的小朋友一样哦。"

坤坤根本不理会，只管拉着刘园长走到床边，停下来就开始往刘园长身上爬。刘园长帮他脱了鞋，顺势将他抱到床上，然后放开他。坤坤见老师放手，咧开嘴又要像往常一样哭，刘园长用一根食指竖在他的小嘴巴上："睡觉不发出声音，静静地，老师就陪在你身边。"

坤坤还搞不清这与往常抱他有什么区别，就安静下来了。期间，他还偷偷睁开眼看了一下刘园长是否还在，见刘园长果然如她说的一直陪在自己身边，坤坤没过一会儿就进入了梦乡。

第二天午睡时，坤坤一看到刘园长，又叫："阿姨，过来！""阿姨，抱抱！"刘园长一竖起食指，他竟知道要放轻声音，拉着刘园长到床边，躺下也不要求抱了。起床小便的时候，坤坤又拉着刘园长一起去，小便完坚持要洗手，洗完后认真地找到自己的毛巾，同时很关注刘园长有没有离开，一边擦手，一边回头说："阿姨，等我！"

> **温馨提示**

　　刚入园的孩子难免会有分离焦虑,学者通过观察曾把婴儿的分离焦虑分为三个阶段:反抗阶段——号啕大哭,又踢又闹;失望阶段——仍然哭泣,断断续续,吵闹减少,不理睬他人,表情迟钝;超脱阶段——接受别人的照料,开始正常的活动,如吃东西、玩玩具,但是看见母亲时又会现出悲伤的表情。

　　分离焦虑,与孩子的不安全感有关。最初,这种焦虑的出现是具有特殊的适应意义的,因为它促使孩子去寻找他所亲近的人,或者发出信号,呼唤妈妈。这是孩子寻求安全的一种有效的方法。

　　"依恋"是寻求与某人的亲密、并当某人在场时感觉安全的心理倾向。依恋的出现,并不只是如弗洛伊德所说由于需要满足各种内驱力。例如,儿童并不只是因为父母提供食物而依恋父母;儿童的依恋行为中也包括与儿童的直接需要无关的行为。依恋理论认为,人类是社会性存在,人类不只是利用他人来满足自己的内驱力;成长中的儿童并不打破旧有的依恋,而是学会在已经建立的依恋中变得更主动(或自主)、增加新的依恋,而这并不一定要求与旧有依恋决裂,新依恋也不一定要替代旧依恋。

　　新入园的孩子在家里习惯于被大人呵护,突然离开亲人,和那么多小朋友分享成人的关注,对他们来说太"痛苦"了,所以他们哭闹、撒娇,这是他们争夺老师的"法宝"。如何正确地利用和缓解孩子的焦虑情绪并尽快帮助孩子建立新的依恋是教师有无经验的分水岭。

　　坤坤一入园就比较迅速地找到了目标,他选择刘园长作为他的依恋对象,但是这只是第一步。教师应该努力帮助孩子建立这种依恋,但是更要逐渐"破坏"这种依恋,让他习惯每一位教师,习惯依恋幼儿园的生活,这样孩子才能比较快地适应在园新生活。年龄小的幼儿常常是以自己的习惯来给他人命名的,不太容易在短时间内记住那么多不同的老师,而"阿姨"是他最习惯的称呼，能满足呼唤人的欲望。在这个阶段不要刻意地纠正他，只要顺应他，与他建立依恋关系就行了。还有一些孩子对自己的拖鞋、衣物特别执著，不让随意动，这其实亦是一种依赖引起的焦虑，在孩子新入园阶段也不要忙着纠正。

在幼儿园中常常存在认识误区，要么一开始就忙着打破孩子的旧依恋模式，试图在短时间内改变和消除这种分离焦虑；要么一味地用过度的呵护迎合孩子的依恋，结果在入园最初时期就养成了孩子的一些不好的习惯。国内的幼儿园班额人数都比较多，这个因素是导致孩子入园焦虑不能在短时间内消除的一个关键原因，因为教师无法迅速地与孩子建立一对一或一对几的新的依恋模式，让孩子对家长的依赖转为对教师的依恋。在这种情况下，很多老师只能用打破旧依恋来代替建立新依恋，孩子的适应过程会略微"痛苦"些，为了改变这种局面，有很多幼儿园对新入园幼儿实施分批入园，这是目前现状下改善和解决幼儿分离焦虑的一种比较可行的方式。

20. 当幼儿爱模仿时

情景再现

托班的班主任跟罗园长谈起班里有个孩子叫朱朱，每次别的小朋友玩户外玩具的时候，她都不愿意参与，只是跟在老师身边，老师说什么她跟着说什么，自得其乐。

这天，罗园长和班主任老师一起带着托班孩子去操场上玩。大家一起玩滑梯时，朱朱小朋友果然没去玩，而是跟着罗园长站在滑梯下。罗园长站在下面保护小朋友，偶尔鼓励一些不敢下来的孩子："弘弘，小飞机

快飞下来！""哦，飞得好快啊！""啊，动作要快，不要被后面的飞机撞上！"罗园长只是临时根据状况鼓励活动中的孩子，却没想到朱朱小朋友在旁边一字不差地模仿着："弘弘，小飞机快飞下来！""哦，飞得好快啊！""啊，动作要快，不要被后面的飞机撞上！"每一句都模仿得很像，甚至包括动作。

罗园长终于发现朱朱不愿意玩滑梯而愿意站在老师身边的原因了，原来是她喜欢学说话。于是，罗园长开始认真观察朱朱。她有些忘我地大胆地站在罗园长的前面，伸出双手："快！弘弘，下来！小飞机飞下来！"下来一个小朋友后，朱朱还不忘点点头："嗯，快点，再飞一次。"然后立马关注下一个正要下来的小朋友："佳佳，来，飞机飞下来！"

临场应变

为了不让朱朱看出来老师在观察她，罗园长决定一边关察她一边继续刚才的工作。为了更了解她的模仿兴趣和能力，罗园长刻意换了好几种说法："弘弘，你扭来扭去，像条毛毛虫呢！"朱朱也立刻换了表述："弘弘，你扭来扭去像毛毛虫！"学得还真不赖！

方方下来了，他滑得飞快，说自己是架大飞机，罗园长点头同意道："方方，你的大飞机飞到北京了！"朱朱也立刻夸赞道："方方，你是大飞机哦！"

过了一会儿，滑梯上突然没有人下来了，罗园长说："咦，人怎么都没了？"朱朱也惟妙惟肖地学："咦，人怎么都没了？"然后她很认真地望向旁边的滑梯，叫道："你们小心哦，飞机不要碰头哦！"这话是罗园长刚才说过的，她学得可真像！

滑梯上又来人了，朱朱又不亦乐乎地开始新一轮的模仿。

第二章 幼儿行为的应对技巧

> **温馨提示**

　　模仿是有意或无意地再现某一榜样的一种社会心理行为，榜样是模仿发生的关键因素。幼儿很好奇，模仿力强，尤其喜欢模仿大人的动作，比如妈妈洗碗洗衣服、爸爸看报修东西。幼儿的观察虽不细致，却非常具有选择性，成人的一举一动，他们都可以模仿得惟妙惟肖。孩子的学习其实就是从模仿开始的。

　　美国当代著名心理学家班杜拉认为观察学习起始于学习者对示范者行动的注意。如果人们对示范行为的重要特征不注意，或不正确地知觉，就无法通过观察进行学习。所以，注意过程是观察学习的起始环节。在注意过程中诸多因素影响着学习的效果，其中有来自示范者行为本身的特征和观察者本人的认识特征，还有观察者和示范者之间的关系等，这些因素调节着观察经验的数量和类型。朱朱小朋友对语言模仿的兴趣大于同伴，并且她的模仿之所以惟妙惟肖，在于她对老师的语言观察和记忆的关注，并且在这方面她的确具有比同伴更强的能力。

　　在罗园长刻意地带领她时，朱朱非常自然地跟随，仿佛是在合作而不是模仿，甚是有趣。在活动中，如果幼儿自己也觉得和老师是以相同的身份在做同一件事的话，他们会变得更自信、更有兴趣。

　　有些孩子模仿成人的兴趣会大大超过玩的兴趣，而且这种模仿多半会是一种语言的模仿。在这些模仿过程中，幼儿会不知不觉地说一些本来不属于其语言领域的词汇，而且这种模仿和课堂的语言学习完全不一样，它是十分到位的，因为这种模仿是一种主动的无意识、有驱动力的学习。在这种模仿过程中，孩子"临摹"的逼真程度是相当高的。班杜拉认为，接触多种榜样的人更具有创新性，观察学习是创造性行为的主要来源，榜样越是多样化，观察者就越有可能做出创造性的反应。因此，我们在培养孩子创新性的时候，不要怕孩子模仿，因为只有足够多的示范榜样才可能提

供孩子学习和创造的基础。

幼儿园在培养孩子的过程中，常常会有一种思维定式，那就是语言课的时候只训练孩子的语言，运动课的时候只训练孩子的动作。而事实上，教育即生活，生活即教育，只要时机合适，孩子有学习的热情，我们应该随时给他们提供学习的机会和模仿的榜样。像朱朱小朋友，她感兴趣的是玩滑梯时小朋友的表现，而不是自己滑时的乐趣，老师可能没发现这一点，只是纠结于她不参与活动。事实上于她而言，在滑梯下所获得的快乐要比在滑梯上所获得的更多，哪一天模仿得差不多了，她自然会跑到滑梯上去玩的。我们可以试想一下，把朱朱小朋友在滑梯下学习的语言放到课堂上去练习，绝对不会有这种效果和乐趣，而且那样的练习孩子也会感到索然无味。所以，教师要珍惜孩子这样的学习机会。

21. 当幼儿"假哭"时

情景再现

卉卉真是个"小坏蛋"！卉卉和兰兰是一对双胞胎，她们其实很适应幼儿园的生活，可是今天卉卉却好几次大哭，而且每一次都看得出是有"预谋"的，因为只有雷声，却没有雨点。

吃过午饭，莫园长进托班帮助管理午睡。卉卉躺在地板上假哭，莫园长走过去，她开始边"哭"边叫："我要妈妈，我要妈妈。"

一听声音就知道她并不是真的要妈妈，莫园长非常清楚她是想引起老师的注意。

第二章 幼儿行为的应对技巧

> **临场应变**

莫园长走过去一把抱起卉卉,对她说:"兰兰已经去睡觉了,你在这儿干吗?"她马上抬头,果真兰兰不在了,于是她立马不哭了,乖乖地被莫园长抱到床上。

小朋友基本都已经躺下了,有几个小朋友又开始抽泣起来,老师们就走过去安抚他们。卉卉坐起来张望了好几次,发现老师都不到她这儿来,就又张开了小嘴:"妈妈,妈妈!"这声音一点都不带感情色彩,音量倒是很大,班里的徐老师几次准备走过去。

莫园长示意徐老师不要过去,因为卉卉正是在用哭声吸引教师的关注,现在过去会强化她的这种表现。但徐老师觉得她的声音太响会影响其他小朋友的睡眠,所以还是过去抱起了她。果然卉卉舒服地趴在老师肩上,眼睛滴溜溜地转着,一脸得意。

快起床时,卉卉又故伎重演,徐老师没办法,又忍不住要过去抱她。莫园长阻止了徐老师,徐老师犹豫了一下,把她放下了。卉卉就开始在床上大叫,莫园长走过去很干脆地把姐姐兰兰抱起来,抱到卉卉身边:"你看,兰兰不哭,老师抱兰兰!"卉卉看了一眼,闭着眼睛,加大了哭的力度,莫园长不理她,心里知道她很快会止住哭声。果然,莫园长离开她还没几步路。她马上停止了"哭泣",无所事事地开始东张西望。莫园长这才过去抱住她,对她说:"现在很好,这样安静的孩子老师喜欢,我来抱你!"她仿佛听懂了似的拼命点头,莫园长知道这回卉卉应该懂得了不哭也是会有人抱的。

> **温馨提示**

虽然只是托班的孩子,才两周岁,但有些小朋友的感受能力和体会能

力要比同伴强一些。他们通过观察可以了解到怎样的方式会受人关注，然后会不假思索地实施，而教师常常也会被不加思索地利用，于是教师的行为就不自觉地被小小的两岁幼儿控制了。

徐老师的行为强化了卉卉的动机，她成功地达到了自己的目的，而且这种成功的经验会进一步加强她这样做的动机和意念。

美国心理学家斯金纳认为，行为之所以发生变化，是由于强化的结果，人的学习是否成立关键在于强化。当一个操作发生之后，紧接着呈现一个强化刺激时，那么这个操作的强度就被增加。他认为在学习中，练习虽然是重要的，但关键的变量是强化。练习本身并不提高速率，它只是为进一步强化提供机会。

临起床时卉卉的故伎重演是想再一次"控制"老师，她要用她的方法来唤起老师的关注。由于徐老师后来中断了强化行为，莫园长又为她建立了新的强化，所以在最后，老师们总算占据了主动。

在斯金纳看来，教育就是塑造行为，成功的教学和训练的关键就是分析强化的效果以及设计精密的操纵强化过程的技术。他说："只要我们安排好一种被称为强化的特殊形式的后果，我们的技术就会容许我们几乎随意地塑造一个有机体的行为。"

不过在实际教学中，可能很多教师还没有熟练掌握训练幼儿行为的强化技术。他们在师范学校的学习注重的是纸上谈兵，到了实际工作中又常常被每天接踵而来的工作重重包围，没有很多时间和精力使自己静下心来设计如何塑造、纠正或引导幼儿的行为。日常教学中的许多教育行为大多只是凭自身感觉，老教师则凭经验，鲜有一整套预先设计好的强化或矫正方案。

在日常教育活动中，可能有一些非预期的行为不明智地受到了强化。就如卉卉的哭泣，教师们心里是希望午睡时哭的孩子越少越好的，可是一遇到小朋友哭，教师的第一反应就是冲过去抱起孩子来安慰，而一些从不哭泣的孩子基本被忽略，这就是教师通过错误的程序强化了原本希望减少的行为。一般来说，在教学口运用强化时首先应该注意，在教给新任务时，要注意即时强化，不要进行延缓强化。即时强化有两个作用：使行为和后果之间的联系更为明确；增加了反馈的信息价值。其次，在任务的早期阶段，应该强化每一个正确的反应。随着学习的发生，对比较正确的反应优先强化，逐渐地转到间隔式强化。第三，强化要保证做到朝正确的方向促进或引导。不必苛求一开始就做到完美，只要坚持向好的方向发展就行，务必要避免强化不希望的行为。

在开学阶段，教师们往往过多地关注哭闹的幼儿，因此造成了孩子哭闹，其实应该分出更多的精力来关心那些会自己玩的孩子，这样"卉卉现象"就会大为减少。

22. 当幼儿脾气火爆时

情景再现

一直觉得子梁是一个整天笑眯眯的、好脾气的孩子。今天发生的事让人看到了他的另一面，原来他的个性是如此之犟，脾气如此之大！

上午游戏结束，开始收拾玩具时，一些小朋友收拾完毕，已经洗手准备吃点心了，突然子梁不知从哪里拿了个电话冲到娃娃家去玩。老师追过去对他说："子梁，我们现在不玩了，我们要去吃点心了。"

子梁仍然我行我素，不加理会，老师只好挽起他的手，准备带他出来，顺便把他手里的玩具电话放在了娃娃家里。没想到这么一个简单的动作，惹得子梁"大发雷霆"："你赔我的粘纸！我的粘纸！"老师有点莫名其妙，因为子梁手上根本没有什么东西呀！还没等老师反应过来，子梁已经举起拳头要往老师脸上打来。

在教室另一边的林园长明白了,大概是子梁的什么宝贝东西丢了。

临场应变

林园长快步走了过去,"什么东西没了?林老师帮你找!"子梁根本不理人,光站在那里发脾气。带班的是位年轻老师,一下子有些不知所措,但明显也生气了。

"肯定是子梁最喜欢的东西不见了,对吧?是什么东西呢?你把它的名字告诉我,我帮你找到它。"林园长相信那东西对子梁来说一定很特别。

"我的粘粘纸,我的粘粘纸,让老师弄丢啦!"子梁闭着眼大声地哭道。

还好林园长眼尖,发现地上有一个像指甲盖般大小的纸片,她捡起来问子梁:"子梁,是这个吗?"子梁气呼呼地接了过去,转身十分小心地藏在自己的柜子里。

午餐的时候,林园长特意坐到子梁身边,帮他剔了几根鲳鱼的小刺,子梁很友好地朝林园长笑笑。吃完饭,林园长和他聊天:"你的粘纸怎么这么小啊?很容易丢的吧?谁送你的呀?"子梁很认真地说:"嗯,很小,我都放得好好的,不会丢的。是邻居哥哥送我的,这个在电视里很厉害的。"他说的是粘纸上的那个卡通形象。

"你今天对老师这么不礼貌,发这么大脾气,对不对呢?"不生气的子梁还是听得进道理的:"不对,老师会难过,会生气的。我等下和老师说对不起。"

"嗯,子梁是个好孩子,下次记住不可以随便发这么大的脾气,要学会好好和别人说话。"说完,林园长送了一个迷你喜糖盒给子梁:"这个给你的粘纸做个家,它住在里面,你就不会找不到它了。"子梁欢天喜地地接了过去。

第二章 幼儿行为的应对技巧

温馨提示

没有亲身经历，有时还真想象不出孩子的脾气究竟有多大。发脾气是一种情绪宣泄，对于儿童情绪，班杜拉的社会认知观点认为，儿童是主动的，会使用认知历程来表征事件、期待未来、选择行为以及和别人沟通；儿童的许多行为包括情绪行为是经由观察学习而来的。班杜拉特别强调观察学习在人的行为获得中的作用，认为人的多数行为是通过观察别人的行为和行为的结果而学得的。脾气暴躁的孩子在与亲人的互动中已经逐渐形成一种互动机制：一种是亲人对他的要求比较消极，必须到他情绪激动到极点才予以解决；另外一种就是亲人对他的要求百依百顺，导致他稍微没有得到满足就大发雷霆。这种互动造成的行为结果进一步加剧和刺激了这种互动方式的形成。

比如在幼儿园，有的孩子因为系不上自己的鞋带而把鞋子扔到几丈远；有的孩子因一笔没画好，就把整张画纸都撕碎；还有的孩子因为想参加游戏，老师却没有请自己而生闷气不想吃饭，等等。这些事例其实都反映出一点，就是孩子的情绪管理失控了。人们情绪管理能力的发展是永无止境的，幼儿期的情绪管理教育对长大后的情绪了解及情绪表现品质具有重要意义。教会孩子认识自己的情绪并能选择正确的方式表达自己的情绪是非常重要的，面对一些消极的情绪，教师要引导孩子正确化解，并且给予他正面的引导。

情绪本来无所谓对错，之所以要控制情绪，只是因为有些不良情绪会对自身身体和精神造成伤害，同时也会给周围人带来困扰，因此我们要教孩子从小就学会健康的情绪表达方式。

很小的婴儿已经是个情绪的个体，能表现出恐惧、愤怒、欢愉、惊讶等情绪；3—6岁的幼儿的情绪表达已是十分丰富并带有个人风格。幼儿常常被认为是以自我中心，而且冲动任性，只顾自己的需要，不会为别人着

想。然而，仔细观察和了解孩子的世界后，我们会发现孩子在情感及对他人情绪的觉察和理解上，可能并不像我们所认为的那样"只顾自己"，他们常常是带着自己的认知和理解的。比如子梁，他喜欢这么小的粘纸，可能会让很多成年人根本无法理解，因为严格意义上来说，这应该算是一片废纸屑，但是子梁喜欢它、珍爱它，而这就是一切和最大的理由。所以，教师对幼儿的认知和理解是改善其情绪的前提。

只有体验到别人的痛苦以及情绪，才能理解和接受别人的情绪，成人如此，幼儿也如此。但前提是有较强的情绪能力。情绪能力包括情绪理解、情绪表达和情绪调节能力。情绪能力强的人往往能够成为良好的合作伙伴，能够胜任社会活动，因为他们理解别人和自己的情绪，能用恰当的方式表达情绪，能应对自己和他人的情绪。

情绪理解会影响儿童对他人情绪需要的反应。错误理解情绪会导致社会能力的缺陷。如果情绪理解能力弱，不能觉察别人的情绪，情绪表达也会随之发生困难。和同伴关系友好融洽的孩子会表现出更强的情绪理解能力。成人对儿童的行为评价以及成人对孩子的抚养教育模式，也会对儿童情绪理解能力的形成产生很大的影响。

儿童对情绪理解的发展还与他们的道德敏感性密切相关。儿童明白了一定的社会规范后，能体会到许多与道德发展有关的情绪情感；另一方面，情绪理解也有助于道德发展，发展适宜的情绪理解能力是形成道德感的基础。精神分析学派创始人弗洛伊德认为，婴幼儿是被"本我"控制的，此时是非道德的；当儿童逐渐长大，随着互动的增加、经验的积累，他们知道哪些情境下父母会给予满足，哪些情境下会遭到拒绝；"超我"会对个体能做和不能做的事做出限制。如果成人教养孩子得当，孩子会发展出适当的"超我"，遵从"超我"力量的儿童会把遵守社会规范当做一种义务。

从当下的社会现状来看，成人对孩子的情绪培养方面是欠缺的，孩子"超我"的发展是相当不够的。他们不知道哪些不可以做、哪些该拒绝做，因此他们也就不知如何去体会别人在做对或做错事时的感受。在幼儿园让幼儿认知情绪、理解情绪、说出心里的感觉、学习处理愤怒与伤心的方法,对于培养幼儿情绪管理的能力有着重要的现实意义。

23. 当幼儿背着包包不放时

情景再现

这天的游戏室活动由陈园长亲自组织。在娃娃家里,佳佳发现了一只成人用的手提包,好奇地拿起来,然后尝试着背到自己身上。佳佳正在背包时,听到陈园长问她:"佳佳,你要去干吗呀?""上班去。"她很骄傲地告诉老师。

"你去哪里上班?"

"我去医院上班。"

自从回答陈园长她要去上班以后,佳佳不管走到哪里都带着那只包,仿佛证实她真的是去上班。有几次手提包已经妨碍了她的行动,可她仍然不肯放下,而是很吃力地把包挎上,掉下来就再挎上,无论是在"烧饭"还是"用餐",反正她是跟这"包"黏上了。

陈园长知道,佳佳是喜欢上这个包包了,一直背着是不想让别的小朋友拿去。

临场应变

陈园长有意逗佳佳:"佳佳,你什么时候下班呀?"佳佳回头朝老师看,思索了一会儿:"已经下班了。"话刚说完,她就下意识地要放下包,好像

觉得既然已经告诉老师说下班了，就不可以再背包了。因为妈妈下班回到家里，都是要先把包放下的。

就在佳佳放包的瞬间，馨馨过来了，顺手拿了她的包："给我背背！"

佳佳见了立刻又把包紧紧地抓到手上，然后又背回身上，一副毫不让步的样子，说道："我去上班了，再见！"

陈园长看到佳佳这么做，本想介入一下，可是看到馨馨已鸣金收兵，毫不留恋地离开了，陈园长就没再上前干预。既然在孩子眼里都是小事情，自己都处理好了，老师自然就应该只当"旁观者"。于是，佳佳又开始了自己心目中的"上班历程"。

温馨提示

佳佳是一个处处表现出很遵守规则的孩子，常常被老师们称为"小姐姐"，她也仿佛很乐意被老师们这样夸赞。因为遵守规则不仅仅给人带来约束，还会给人带来安全和方便。一直重视培养孩子创新精神的西方国家以及和我们同在亚洲的一些国家，也非常重视对规则意识的培养。在我们的教育中虽然也注重规则意识，但实际上自觉遵守规则的孩子还是不多的。像佳佳这样的孩子，平时受到家庭的影响比较多，父母的教育相当正统，因此各方面表现出来循规蹈矩，行事十分乖巧。有心理学家认为，过多不必要的规则会束缚孩子创造性思维的发展，进而影响他们的创造力。但是事实让我们不得不承认，西方国家的学生既具有创新精神也具备很强的规则意识。

不过像佳佳这样的孩子，其实内心还是有些许羡慕别人"不守规则"的行为，只是那些行为在她的认知范围内被认为是不可以做的，所以她会控制自己不做。比如说不与别人分享，在佳佳看来是"不好"的，她平时总是在老师鼓励下把好玩的东西让给别人玩，但是今天当她沉浸在自己的游戏中时，她不想轻易放弃游戏，所以"上班"是她最好的护身符，可使自己的行为显得合理。教师应该认同她的行为，因为人与人的相处，在于互相之间的认同与妥协，既然馨馨没有异议，那么这个互动行为应该被视为合理的。

在与孩子相处时，教师总是忍不住想去充当法官的角色，常常要依据自己的判断标准为纠纷双方的孩子判个是非曲直，而事实上很多时候人与人的相处还在于互相之间的感觉，感觉互相能够接受的状态其实是最和谐的状态，教师不要轻易以自己的判断去改变既成的结果。在佳佳和馨馨短暂的"纷争"中，她们内心是有规则意识的，馨馨认为佳佳"背包上班"的坚持是合理的，因此接受了；佳佳不想背包被别人拿去，就始终扮演在上班的角色，这仍然在规则之内。规则若是孩子自己制定的，他们接受起来会比接受成人的规则快得多，因为在情感上更容易理解和接受。因此，成人制定规则时首先要让孩子知道什么是规则、有什么用，这样，孩子才能从情感上接受规则。情感上的接受是遵守规则的第一步，情感上的接受与认同会让孩子有意识地要求自己向着这个方向进发，并且提高了孩子自我管理的能力，使遵守规则得以实现。

规则究其本质就是做事情的底线和评判是非的标准。在一个没有规则的环境中，孩子会缺乏安全感和方向感，会无所适从，进而阻碍他们的成长。所以遵守规则并不会让孩子只懂得循规蹈矩，也不会抹杀孩子的创新精神，反而会促进孩子心智的成熟和发展。在执行规则的过程中，要尽量让孩子们在规则之内自行解决纠纷，自行做出判断，自行体验后果，千万不要急于帮孩子们下结论。孩子们自行处理纷争的过程其实又是一次学习和执行规则的过程。

24. 当幼儿不敢登上攀登架时

> 情景再现

下午,王园长在托班带班,带领孩子们在大草坪的运动器械上自由活动。咚咚在尝试爬上螺旋攀登架,这个器械对于托班孩子来说的确有点难度,咚咚显然是想尝试的,但似乎对这个器械还不是很放心,所以他一直逡巡在螺旋攀登架周围,观察同伴的活动结果。

王园长知道咚咚想上又不敢上,决定鼓励他一下。

> 临场应变

王园长招呼他道:"咚咚,你来玩吗?"咚咚犹豫着,但并不表示自己不敢玩,而是对王园长说:"小朋友玩简单的玩具,这么复杂的玩具小朋友不会玩的。"王园长饶有兴趣地逗他:"那什么是复杂的玩具呢?"他歪着头想了一下,回答:"就是不简单的。小朋友玩不来的就是复杂的。"

咚咚边说边去旁边溜滑梯去了。王园长辅导其他小朋友继续玩螺旋攀登架,过了一会儿,她一低头,又发现咚咚站在旁边了。当时毛毛和兰兰已经爬到攀登架上面去了,咚咚仰着头似乎在做着判断。王园长估计咚咚在想:兰兰都可以爬上去,他应该也可以,因为兰兰是班里个子最小的孩子。

咚咚跟在小朋友们后面,伸出双手抱住攀登架,他一边用手拉着架子,一边努力地往上爬,表情始终很镇定,有几步好像有些踩不准,但他似乎很能控制自己,让人觉得还是很稳的。王园长悄悄地托住他帮助他顺利完成了第一次攀登。

咚咚顺利爬上了平台，一跨上平台，他脸上立马一副如释重负的表情，他一跳一跳地下来，并且不经意地回头对王园长说："这是小哥哥、小姐姐玩的，小妹妹、小弟弟不在这儿玩。"这句话是刚才王园长安慰不敢玩的小姑娘说的，看起来老师的每句话咚咚都关注着。

又过了一会儿，咚咚又来到攀登架前排队了，他兴致勃勃地开始了新的攀登，并且很郑重地告诉王园长："我回家要告诉妈妈。我这么……这么……"王园长帮他接了一句"这么复杂的"，他点着头认真地接下去说："这么复杂的玩具我都爬上去了。"

看起来他对自己今天的表现很自豪。

温馨提示

孩子是很有意思的，他们有时也会和成人一样希望掩饰自己的真正想法，只不过他们与成人的区别就是，如果自己的想法被道破，并不会像成年人那样难为情或者恼羞成怒。所以教师既要读懂孩子的内心，又不要轻易让孩子发现自己已经读懂了他们的内心，要给孩子创设尽可能宽松的环境，让他们敢于大胆地锻炼自己。

咚咚在玩具周围的走动观察，实际上是在不断地给自己的犹豫减分。他希望自己能够克服犹豫，寻找到尝试的信心和胆量。王园长其实一早就看出了咚咚的心思，知道他需要一股外来的力量帮助他战胜胆怯，但是王园长并不轻易点破，而是用眼神关注他的一连串表现，然后不断地制造成功的榜样给他。犹豫是因为尚缺乏自信，而自信不只在成功时才能获得，重要的是在孩子还不敢尝试时不要过多地去评价他的行为，甚至要避免刻意的激发和鼓励，因为这可能导致压力过大而使孩子干脆放弃尝试。在孩子犹豫不决时，教师应该装做没看见他的犹豫，而且要表现出认为他的行为和其他已经成功的孩子一样正常。

幼儿园的孩子是很好动又喜欢尝试的，因为他们的动作逐渐变得灵活和有力量起来，对一切事物总是表现出跃跃欲试的心态。成人应当把握这样的好时机，鼓励孩子努力探索，在实践中获得自信，让孩子在行动中培养对自己的认知与信心。为所欲为可以令孩子充满自信，但是为所欲为的前提是敢于尝试。因此，教师还要注意在不敢尝试的孩子面前树立起一个值得模仿的榜样。小朋友也是会不自觉地将他人与自身做一番比较的，当他们看到比自己弱小的同伴成功时，就会觉得自己也一定可以成功。咚咚看到瘦小的兰兰都成功了，就认为自己也可以。这就给了他尝试的勇气。

咚咚一直在关注老师对小朋友的评价，所以成功后他会说："小哥哥、小姐姐会玩，小妹妹、小弟弟不在这儿玩。"在听王园长说这句话时，他肯定不想把自己放在小弟弟之列，但当时又缺乏当小哥哥的勇气，后来终于成功了，他便立刻要证明自己是小哥哥而不是小弟弟。教师要提供良好的机会和条件让孩子去充分尝试和发现，发展孩子的各种能力，并努力帮助孩子取得成功，充分肯定孩子的进步，以此不断树立孩子的自信心，增加孩子探索的勇气，让孩子体验到成功的喜悦，产生积极愉快的情绪体验。成功后及时鼓励和赞扬他们，再逐渐给他们增加一些有难度的事，一旦完成就给予更多的表扬。

适当的失败是允许的，而且也是无需回避的，因为适当的失败可以磨炼孩子的意志，不过教师仍然要注意避免让孩子体验过多的失败，因为失败的体验一旦超过孩子的承受能力，往往会使他们对自己的能力产生怀疑。比如咚咚第一次踏上攀登架，是在他犹豫不决后的第一次尝试，教师的任务就是绝不能让他失败，所以王园长用手悄悄地托住他，帮助他顺利完成第一次任务，否则第一次的失败将使前面所有的努力和铺垫都化为乌有。教师应根据孩子的发展特点和个体差异，提出适合其水平的任务和要求，确立一个适当的目标，使孩子经过努力能够完成。对于缺乏自信心的孩子还要格外关心，比如一些胆小、怯懦、木讷、寡言的孩子，要有意识地让他们成功完成一些任务,在完成任务的过程中培养他们大胆自信、面对挑战勇气。

25. 当幼儿"自娱自乐"时

情景再现

圈圈说话有一个特点,会突然发出很响的声音,让人觉得发生了一件了不起的事情。今天他搭了一个类似汽车的物体,老师和他搭话:"圈圈,你搭的是什么呀?"圈圈只管自己认真拼搭积木,根本没有搭理老师的意思,停了好几秒他才突然大声说:"汽车,汽车呀!"好像那是一件特别了不起的有意思的事。

圈圈一边搭一边唱歌:"一闪一闪亮晶晶,挂在天上放光明……"老师觉得他唱漏了一句"满天都是小星星",就和他一起唱,提醒他漏了一句,没想到圈圈看了老师一眼,闷声不响了。

临场应变

陈园长在旁边看了,觉得圈圈可能是个不太愿意与他人交往、个性有点特别的孩子,显然刚才老师的贸然参与打扰了孩子,孩子不乐意了。不过这样的孩子,是幼儿园老师重点要关注的。陈园长很想走近了解他,于是搬了张小椅子坐到圈圈旁边,一声不响地也开始搭积木。一旁的圈圈终于忍不住问:"你在搭什么呀?"

陈园长早已料到会如此,便开始和他对话:"我在搭火车呀。"圈圈觉得很有趣,转过头来看了一下:"我搭的是汽车。"

陈园长笑着问他:"那你的汽车在哪里开呢?"圈圈又突然大声地说道:"路上开。"

"哦。"陈园长拿起他的车在桌上开起来,绕了一圈,假装停下来,"唉呀,我遇上红灯了,怎么办哪?"圈圈想了一会儿说:"停了,不好开了。""哦,那什么时候开呢?"边上的小朋友抢着说"绿灯",圈圈也附和道:"绿灯了,汽车可以开了。"末了还加一句:"小心追尾!"好专业的名词。

于是,陈园长拿着他的车在桌上又开起来,圈圈仿佛一个旁观者似的看着,偶尔停下来搭几句话,大部分时间都在继续完成手里的"活儿"。看他如此之"忙",陈园长觉得特别有意思,因为这是一个特别会自己玩的孩子,不断变换造型和内容,喜欢自言自语,但是不太愿意与人沟通。

陈园长又问他:"圈圈,你又在忙什么呢?""不是棒冰!"他答非所问,举着手里搭的东西没头没脑地回答陈园长。"哦,不是棒冰,那是什么呀?""糖葫芦!"

整个晨间活动,圈圈都在忙手里的活,以前他都是独自把玩不理人的,今天在与同伴陈园长一起游戏,他已经变得超级"外向"和善于言谈了。

温馨提示

圈圈这样的孩子在幼儿园里虽然不算多,但也不罕见,这类孩子比较注重自己的游戏世界,不太愿意分享,尤其是在被他认为不了解自己的人打断以后,他不仅不会与你互动,而且会很生气或沮丧。

有一些孩子的个性不喜欢与人主动交往,一般不与还没有建立信任感和安全感的人交流,也不愿意有人与自己共同游戏。对于这样的孩子,教师不要急于求成指望一下子改变他们。虽然教师怀着一颗热情的心,希望这样的孩子和其他孩子一样能尽快融入到集体中去,但是,教师不宜太明显地介入或太着急地改变,否则孩子会感到压力而拒绝交流,更深地沉浸在自娱自乐的世界中。

第二章 幼儿行为的应对技巧

我们都知道，再不愿交流的孩子，内心也有喜怒哀乐、爱恨悦憎，如果他们总是将自己的情感隐藏起来而不形于色，不希望别人闯入自己的内心世界，那么就会越来越喜欢独处，陷入自己构造的"独立王国"而不可自拔。这样的孩子，极容易受外界刺激，缺乏安全感，对周围环境的改变会很敏感，逆反心理特别强，久而久之就会内心封闭起来，逐渐产生极端的思想，做出过激的行为；又或者会养成怪僻的嗜好或做出奇怪的行为。对于这种状况，一些父母会表现得比较心急，"你怎么这样呆？怎么不开口说话啊？"或是"你就不能像××那样活泼一点吗？"要不然就是以鼓励的方式对孩子说："努力加油，要大胆哦！"其实这些方式皆难奏效。因为越是斥责，就越容易使孩子畏缩、消极；反之，给予鼓励又会形成孩子心理上的负担，使他们更为畏缩，尤其是命令式语气对孩子负面影响更大。所以，当我们遇上独自玩耍、自娱自乐的孩子时，一定要引起重视，要想方设法走进他们的内心世界，从而建立沟通渠道，改变他们的行为，但切记万不能着急莽撞。

圈圈这样的孩子，情况还是比较正常的，但是如果教育指导行为不恰当，则会使他越来越不喜欢与人交流。圈圈对汽车方面的知识比较感兴趣，并且知道得不少。陈园长利用孩子这方面的特点，用自己搭建的汽车和他建立了很好的沟通平台，帮助圈圈走出自己的世界，加入到别人的游戏和想象中。在沟通中他充分释放了自己，加入到伙伴的世界里，并且这种沟通明显给他带来了愉悦和满足感，这种满足感会鼓励他下次继续与别人进行良好的互动。

圈圈这样的孩子，常常会在别人问问题时进行选择性倾听，自己感兴趣的会突然回答你；对自己不感兴趣的问题会答非所问或根本不回答。和这样的孩子交往，教师不要刻意地强调自己的指导计划和逻辑思路，而应该顺应孩子的思路，随着孩子感兴趣的话题行进。即使孩子根本是答非所问，也不要追根究底去问孩子正确的答案，那样会打击孩子沟通和交往的兴趣，关闭与你交流的心门。

对待这样的孩子，教师除了建立起和他们交流的通畅渠道，还要特别注意在活动和游戏中帮助孩子建立自信，要给予他们充分的适应时间和空间，细致地观察和发掘他们的长处，满足他们不同的心理需求。同时，充分利用幼儿园这个有利的集体环境，多选择、设计一些合作型的游戏活动，让孩子们有足够的交流机会，体验合作的快乐，在此基础上，培养他们的健康心理和沟通能力，在这些给孩子的表现平台上，让他们充分展示自己，在活动中获得愉快的感受，并品尝分享的快乐，慢慢地建立起与他人交流的自信。只有让他们充分体验到在集体中生活的幸福和安全感，才能培养他们学会与他人分享自己的感受，学会表达自己的情绪和情感。

26. 当幼儿不肯分享时

情景再现

心心平时很听老师的话，给陈园长留下了深刻印象。老师一旦指正别的小朋友一些什么事，心心总是"毫不犹豫"地附和老师："嗯，对的。"可是，今天心心却着实让陈园长领教了她的"坚持"。

娃娃家里，小朋友们正玩得高兴，靖靖和盈盈为一只碗争执不休，站在旁边的心心却拿了一大堆兰兰从家里带来的碗。靖靖在争执间隙曾尝试伸手向心心要一只碗，心心却扭转身拒绝了。

陈园长很想知道心心抱着这么多碗准备去干什么，凭着对心心的了解，陈园长认为假如老师去跟她要一只碗，肯定没问题。于是陈园长走过去，想去帮靖靖她们要一只小碗。

临场应变

陈园长走进娃娃家，对心心说："心心，你给婧婧她们一只碗吧，你拿得太多了。"陈园长原本以为，依心心平时与老师的亲热劲儿，这点"面子"肯定会给的。没想到心心抱紧小碗，坚定地摇头："不！"

陈园长觉得这事有点意思了，看来做心心的思想工作有些棘手呢！她赶紧换一种方法："心心，这些碗不是你的，是兰兰带来给大家玩的，你拿得太多了，应该分给大家一点儿。""不！是我的。"心心的小脑袋摇得更坚决了。

看起来今天还非得花点力气不可，否则心心可能会一直认为占据大家的资源是正确的。"心心，这些碗应该拿出来和大家一起玩，你不给小朋友，就变成小气的孩子了。小气的孩子呢，小朋友们都不爱跟她玩。你一定愿意做个大家喜欢的孩子，所以把碗分给她们一些，好吗？""不好！"

这样的情况平时在心心身上见不到，陈园长决定今天一定要"攻克"她："心心，假如你一个人玩，不分给别的小朋友，以后别人的玩具也不分给你了，怎么办呢？""不！"心心咬定一个"不"字不松口了。

"你看，你的碗都空着，叠着又不好玩；她们想装些玉米、蔬菜呀，你给她们一些好吗？""我的碗也要装东西的。"

这下彻底没辙了，陈园长只好拿出"撒手锏"："好吧，这些碗我要还给兰兰了，你还给我吧。"

一个"不"字坚持到现在的心心，听到这句话竟然乖乖地把碗交给了陈园长，并且还挺没有底气地说："喏，还给你。再借我两个碗好吗？"陈园长给了她两个碗，把其他的碗放在了柜子里。心心毫无意见地离开了。

过了一会儿，婧婧和盈盈看见柜子里这些空着的小碗，高高兴兴地取了一些玩去了。

温馨提示

心心虽然间或在玩具持有问题上和小朋友产生点纠纷,但是她很乐意听老师的话,是老师的忠实"粉丝"。可是今天她的表现才让人知道,原来心心一遇到她认为的"原则"问题,可真是丝毫也不让步!

很多教师认为托班的孩子是很容易被说服的,所以陈园长也觉得凭自己和心心的感情,说服她拿出几个碗简直是小菜一碟,可没想到不但碰了一鼻子灰,而且连碰了好几次。

幼儿期的孩子占有欲强其实是很正常的,据研究,进入幼儿期后分享行为的发展出现波动趋势。1—2岁幼儿的分享行为随年龄增加很快,2—3岁幼儿的分享行为则随年龄增长而减少。经常看到这个年龄段的孩子虽然嘴上答应愿意与同伴分享,但是手中是紧紧攥着自己的物品不肯松手。如果成人强行将他们的物品分给其他小朋友,孩子会愤怒地大哭大叫,大发脾气。这种"吝啬"倾向会随着年龄增长逐渐减弱。当孩子进入学校后,他们会越来越关注教师和同伴的评价,因此与他人分享的行为又开始增多。

幼儿园的孩子正处在"吝啬"的高峰期,但也处在"慷慨"的飞跃期。如果这一阶段孩子受到良好的指引,将会有许多令人欣喜的进步。

托班的幼儿虽然才3岁不到,但是他们绝不是白纸一张。托班孩子的个性已受到多方面的影响,形成的个性已相当具有个人特点,要改变他们的个性,需要教师深入了解每一个孩子不同的特质。同一语言和方法,在不同的孩子身上效果也不同。在幼儿园,我们经常看到,如果没有教师的提示,大多数幼儿不善于分享,会独占新玩具,有的孩子还经常与他人争抢玩具。

分享是指个人拿出自己拥有的物品与他人共享从而使他人受益的行为,分享的特点是使交往双方共享物品拥有者的资源并使双方受益。儿童对物品私有权的意识越强烈,分享行为越少;儿童对重新拥有物品支配权的自我效能感越强,分享行为越多。也就是说,如果孩子觉得物品归自己所有,别人不应该拿走,那么他就不愿意和别人分享。

就说上面所描述的这件事,简单地对照教育判断标准,心心肯定属于该受批评的那个角色,但是从实际情况来看,还是要根据托班孩子的年龄特点去解决问题:因为当碗在心心手上时,她就认为那是属于自己的,不管它是谁带来的。当碗被陈园长收起来时,心心很自然地认为碗是大家的,她于是只要求给两个。所以改变孩子的行为,要从了解孩子心理开始。

据心理学家研究,能够在心中认为别人和自己是一样的人,能够用自己心中的标准对别人做出公正的评价的人善于与人分享。不能够客观地评价别人,对同伴的评价多从自己的角度出发的,多半是"拒绝分享者";在谈论自己的朋友时多半能比较客观的,大抵是"分享动摇者";无论评价朋友还是非朋友,都采用他人定向的描述方式,并且能够客观地评价别人,一般为"彻底分享者"。

让孩子走出自我中心、学会客观,是一个学习的过程。在这个过程中,是否受到良好的引导,对孩子的去自我中心很关键。在当下的中国家庭中,能够理性地教会孩子客观地评价他人、看到自己的不足、学会反省的家长并不多,更多的是教孩子如何在与他人的较量中占得便宜,在竞争中胜出,因此使得孩子自我中心化倾向严重,生活中多了很多拒绝分享者,少了很多彻底分享者。

27. 当幼儿爱招惹人时

情景再现

翰翰有些调皮,爱招惹别人,有时候会控制不住自己,因此告他状的

小朋友很多，每次活动前老师都要提醒他。不过他的个性就是这样，你用赞扬的口气说服他呢，他一般就顺着你的意思去做；你若要阻止他的一些行为，那么他可能会与你对着干。

今天的户外活动是在滑梯周围游戏，翰瀚跑来跑去，玩得不亦乐乎，老师提醒他小心一点，他笑着就跑开了。过了一会儿，老师就发现翰翰挑起了"战争"，兰兰和卉卉两个小女孩正"怒视"着翰翰。兰兰一只手护着卉卉像个侠女，很"正义凛然"地面对翰翰，嘴里不知在说什么。两个女孩在高大的翰翰面前显得很弱小，老师正想去帮一把时，被走过的王园长拉住了。王园长请老师给孩子一段时间让他们自己先处理。果然，翰翰在两位正气逼人的女孩面前沮丧地退缩了。嘿！好厉害的女孩！

又有几个小朋友陆陆续续地朝"小蚂蚁"爬梯那儿去了，翰瀚一看那儿比较有趣，也跑了过去。由于他长得比较高，"抢占"了有利地形，很快就爬上了蚂蚁的身体，他看见蚂蚁头上正坐着兰兰，很羡慕，也想去"占领"，但尝试几次都不成功，因为刚才的交手，翰翰已经领教了兰兰的厉害，知道她轻易不会放弃自己的"利益"。翰翰有些悻悻地，但是没有泄气，骑在蚂蚁身上仍然怡然自得。

过一回儿，兰兰玩厌了，离开了蚂蚁，翰翰立刻占领了阵地，那副得意劲儿就甭提了。一边骑，一边招呼别的小朋友骑上来："快上来！快一点！"见没人搭理自己，就招呼王园长："老师，你来！"

王园长觉得这是个很好的契机，很高兴地接受了翰翰的邀请。

临场应变

王园长来到小蚂蚁旁边，问翰翰："请问，你是司机吗？"

"是啊！"翰翰得意地说。

"怎么没有乘客呢？"王园长故作不解地问他。

"他们都不肯来，我给你开车吧，驾——"翰翰倒是不在乎没人，只要有一个乘客就满足了。

"翰翰,是不是你太凶,把小朋友吓跑了?"

翰翰很可爱地摇头:"我没凶,我就是刚才抢过他们的玩具,还有就是他们自己不跟我好。"

"那我帮你邀请小朋友来坐车,你要学会跟他们做好朋友,做一个他们喜欢的驾驶员,好吗?"

"好吧。"翰翰愉快地点头。王园长请来了其他小朋友,大家开始一起玩开车的游戏,期间翰翰倒真的遵守诺言,恪尽职守,一直在给小朋友"开车"。

温馨提示

翰翰这样的小朋友活动能力挺强的,因此一天中你会常常感到他在运动中,坐不住,静不下,且时不时弄出点小"纠纷",间或还要发起一些"战争",需要老师帮助调停。不过,这样的孩子也容易接受"纠纷"后的妥协。

幼儿期是社会性萌芽的时期,孩子们开始喜欢有同伴、喜欢参加集体的游戏活动;但同时又是以自我为中心的阶段,幼儿缺乏必要的社会交往经验,两者相互冲突矛盾的结果便产生了攻击性行为,比如为了拿到玩具和其他物品而进行直接争抢,或破坏玩具和物品。另外,由于游戏材料不足,或者活动间的身体碰撞,甚至引发互相争执或撕咬。

幼儿的攻击性行为不但会对他人或集体造成危害,对其自身的健康发展也是很不利的,而且也阻碍儿童社会性、个性和认知的发展。研究表明,有攻击性行为的孩子,其同伴关系一般较差。大多数同龄孩子都会对其避而远之。在托班和小班,由于一些攻击性行为较强的幼儿的影响,常常导致受欺负的小朋友产生心理恐惧,甚至不愿上幼儿园。攻击性行为若在幼儿期没有得到纠正,还会延续至青年、成年时期,导致人际关系紧

张、社交困难。

　　幼儿期最容易出现攻击性行为，但也是最容易纠正攻击性行为的时期，把握好这一阶段孩子的成长规律，改变是非常迅速的。遗憾的是，一些爱招惹人的孩子的家长不以为然，他们觉得只要自己的孩子不受欺负就不用担心了，至于自己的孩子是不是经常欺负人不算大事，小孩子嘛，是难免的。其实不然，如果对幼儿的攻击性行为不及时加以干预、矫正，这类孩子长大后很容易走上犯罪的道路。资料表明，70%的暴力少年犯早在儿童期就被认定为有攻击性行为。也许这样的结论在家长听来是危言耸听，但不能忽视。

　　像翰翰这样的孩子既聪明又调皮，很多事情、很多道理其实他都懂，但不愿意顺从地跟着老师的指令做，常常要跟老师兜几个圈子，"为难"一下老师，见老师们坚持，才顺从地学着去做。这样的孩子，可能在生活的环境里有不良的榜样，或者是生活的环境缺乏安全感，一些正常的情感和情绪得不到满足。因此，对待和改变这样的孩子首先要爱他们，要让他们生活在爱的氛围里，并且这种爱要是健康的、有度的，家长的教育也要避免过度宠爱或体罚，通过帮助和教给他们正确的交往方式来纠正其使用"武力"解决玩伴或玩具问题。

　　同时，在幼儿园里，教师也要注意培养孩子保护自己的能力。一些攻击性强的孩子经常攻击某些特定的孩子，正是因为这些孩子逆来顺受、不懂得反抗，这些消极承受的行为会更加激发攻击者的攻击性，因此从整体环境而言，一方面教师要纠正个别幼儿的攻击性行为，另一方面要教会每个孩子反抗攻击性行为，就如兰兰和卉卉，个子虽小，胆气却不小，自我保护能力很强。翰翰在她俩面前的失败反映出攻击者也是在"分析"和"调整"自己的行为的，知道哪些攻击行为可以实施，哪些行为只能放弃。

第三章

家园沟通的应对技巧

幼儿园的一个重要伙伴就是家长。没有家长有力的支持与配合，幼儿园的教育难出效果。家园（家庭与幼儿园）沟通是幼儿园的重要工作之一，通过这项工作，幼儿园向家长传递科学的育儿观念，了解家长的需求，及时为家长提供咨询及服务，但是在此过程中也会遇到各种各样的难题。

行销顾问张潜曾说："人和人之间的相处，就像刺猬和刺猬间的关系一样，每个人都有自己的脾气、个性和利益，……如果没有经过深思熟虑，当我们想和他人建立起亲密关系或长久关系时，就很容易刺伤对方。"面对性格迥异、要求不同的家长，园长们应通过各自的策略，尽可能避免刺与刺的触碰，努力建立起安全和睦的家园相处关系。

28. 当家长向幼儿园投诉时

> **情景再现**

这天一早，教学部主任就来到吴园长办公室反映一位家长投诉教师。原来这位家长的孩子小W昨天放学后有一节国画课，带班教师正在怀孕期，放学时突感不适，由于只有小W一人参加国画课，因此忘记了送他到国画班，而是把他和其他小朋友一起送到了值班教室。当值班教师将小W送下楼时，正遇上小W的妈妈来接。小W妈妈发现自己的儿子没有上国画班，于是质问值班教师，值班教师也不太了解情况。小W的妈妈没有得到满意的解释，情绪有些激动，冲上楼问来了班主任的号码，噼里啪啦发了一通脾气，班主任联系任课教师，问清情况后向教学主管汇报。

> **临场应变**

当有人投诉我们时，必须第一时间反省自己的失误之处。如果我们工作的确存在失误，必须实事求是地真诚道歉，不要指望轻描淡写就可以蒙混投诉者。不管投诉者如何出言不逊或误会我们，都不要据理力争为自己的行为辩解。如果是误会，我们可以用事实来澄清；如果投诉者出言不逊，则表示其情绪还未发泄完毕，应该让其说完，然后再和颜悦色地表明我们的态度，投诉者冷静以后自然会理解我们。——这是吴园长对家长投诉一贯秉持的处事态度。

因此，了解清楚情况后，吴园长拨通了小W妈妈的电话："小W妈妈，对不起，昨天由于我们老师的失误，小W少上了一节图画课，真的很抱歉，今天能约个时间和你面谈一次吗？"小 W 妈妈并没有被吴园长的真诚语气所打动，只是口气平淡地说当天会来幼儿园。

过了一会儿，吴园长的办公室就冲进来一个满脸怒气的男人，是小 W 的爸爸。他不太友好地坐在了吴园长对面，面对这个准备与自己"大干一场"的男人，吴园长告诫自己一定要耐住性子，化干戈为玉帛。

"小 W 爸爸，我已经知道昨天的事了，小 W 的课我们一定会补上的。今天约你面谈，是专程向你道歉，并听听你对我们幼儿园的意见。"

"少上一节课我们无所谓，但是你们的老师太没有责任心了，我们孩子非但没上国画班，还没人管，让他一个人在楼梯上。我儿子的安全都成问题了，还谈什么教育。我今天一定要讨一个说法。"

吴园长一下子就找到了家长激动的症结，该家长把楼梯上遇到的值班老师当成了路过的老师，以为自己的儿子昨天在楼梯上自己一个人玩，没人管。吴园长立即取来值班安排表，叫来值班老师，让值班老师描述了小 W 在值班教室活动直至由老师护送到楼梯口遇上妈妈的情况。

在事实面前，小 W 爸爸的脸色明显好了许多。吴园长感觉气氛有些缓和，于是对带班老师昨天的失误再次道歉，并恳切地请他提提意见。

他果然滔滔不绝地大谈起管理技巧来，虽然很多方面幼儿园都已做了而且比他说的做得更好，但吴园长还是认真地聆听，并且对他的观点表示赞同。园长真诚的表情和语言打动了这位刚才还剑拔弩张的家长。临走时，他还连连提醒吴园长忘了这件小事。

温馨提示

处理投诉问题，沟通十分重要。一个成功的管理者必须习惯于花较多的时间在与人沟通上，从某种意义上讲，沟通能力可能比管理者的知识水平、分析能力和智力更为重要。在与投诉者沟通的过程中，要迅速分析投诉者的个性，发现投诉者的谈话兴趣、关注焦点，并力求在其感兴趣的方

面与其沟通,真诚地倾听并表示欣赏,大多数投诉者会因为观点被认同、被人欣赏而心情愉悦,此种情况最容易化干戈为玉帛。沟通最难的部分不在于如何把自己的意见、观点说出来,而是在于如何听出别人的心声,要通过沟通尽量化解危机,使交锋成为一场交谈。

此外,幼儿园日常管理要有形与无形相结合。在日益推崇人性化管理的当下,园长常常过高地估计教师工作的自觉性,有意无意地减少了许多日常的监控和检查工作,以为这样可以给教师更多的尊重。其实不然,好的管理还是要"管"出来的,管理者不但要管,而且要提倡"走动管理"。如果你到美国威名百货的主管办公室找人,很可能会扑个空,因为他们的主管都是马不停蹄在各处视察。走动管理是成功领导的黄金法则之一,它可以使领导者和部属保持更密切的接触和联系,也可以避免被中层领导蒙蔽事实真相。就幼儿园来说,园长经常到处走走,可以时时注意教师,及时发现管理的漏洞和教师的疏忽之处,避免很多错误,发现错误也能立即改正过来,这样的管理方式也让教师对管理者产生信任感。

29. 当幼儿发生意外时

情景再现

某日上午,大班的田田在奔跑时,腿部不慎被撞破了一个口子,配班教师立即联系田田的父母,一起把孩子送往附近的医院缝合。缝合中,孩子的大声哭叫以及血迹斑斑的场景都强烈地刺痛了家长的心。缝合完毕,田田爸爸和叔叔来园了解事情的经过。当班教师教龄才一年半,第一次遇到这种事故,着急中措辞不是很妥当,使得田田的家长十分不满。家中的老人在知道事情后,情绪比较激动,家长要求班级教师上门向老人解释情况。当晚，班上的两位教师上门看望孩子并解释情况，结果未取得家长谅解。次日晚，冯园长与助理一起上门看望田田。

临场立变

冯园长来到孩子家中，先去看望了田田，见孩子精神状况还不错。然后，向家长承认事故处理过程中幼儿园的不妥当之处以及自己的管理漏洞，请家长原谅，并承诺关于孩子的治疗费用，幼儿园会一力承担。

冯园长说："这次孩子发生意外，我和老师们都很痛心。这也反映出我自己工作中的一些不足。

第一，孩子发生意外后，教师并未严格按照事故处理程序进行处理。按规定，护送孩子上医院应该由主班教师负责，这样便于向医生和家长及时说明情况。

第二，校医院没能及时处理伤口，幼儿园的紧急事故预案的实施条件也不够，送受伤幼儿紧急入院的运输设备缺乏。我想这也是家长在事故以后一直耿耿于怀的地方。

第三，班内教师对事故的认识还不够深刻，在处理时也比较简单，治疗后的电话回访也不够主动。

这些都是我们在此次事故中做的不到位的地方。我们会认真反省，解决问题，避免类似的事件再次发生。"

冯园长的真诚道歉最终得到了家长的谅解。

温馨提示

孩子在幼儿园发生意外在所难免，意外发生后，幼儿园的处理方式和态度对事件的发展是至关重要的。上述案例给我们带来了以下启示：

（1）推己及人、换位思考。事故发生后，教师除了反省自己的工作失

误、吸取教训外，还应该站在孩子父母的角度还原一下事实的过程，看看自己在此次事件中投入的情感与孩子的父母有多大的差距？差距越大，家园沟通越难。因此，幼儿园要让教师习惯于换位思考，真心实意地对待每一个孩子和家长，如若做到这一点，家长工作绝无做不通之理。

（2）真诚道歉才有价值。幼儿园要培训教师掌握真诚道歉的艺术，要有真诚的态度，会察其言观其色，还要善于倾听和表达。

- 态度要真诚。人大都有一个弱点，出于面子和虚荣心，喜欢为自己辩护，为自己开脱，而这种态度隐含在道歉里，就会使道歉显得很不真诚，使道歉变成一种形式，接受道歉的一方会更加不舒服。
- 有了真诚的态度，还要学会观察对方，没有观察力的行为是盲目的，不了解对方的心态"独角戏"一般的道歉是没有用的。
- 在掌握对方的心态的基础上，还要学会倾听。千万不要觉得道歉的话说完就万事大吉，还要学会倾听对方的话。一定要全神贯注，不能漫不经心。要让自己的思维紧紧跟随对方，能分析出话中之意，体察出弦外之音。
- 当然以上各项都做到的情况下，还要学会组织自己的语言，让自己会说话、艺术地说话，学会圆满地表达。如果对方喜欢婉转，就说智慧的话；如果对方喜欢爽直，就说激越的话；如果对方有学问，那么就说高雅的话；如果对方喜欢直白，那就说浅近的话；如果对方喜欢诚恳，那么就说直率的话。总之，说话是一种艺术，道歉更是一门学问。

（3）对紧急事故预案实施的保障条件要重视。既要有硬件设施，如幼儿园的交通工具；又要有软件，比如对新教师进行工作技能的培训来应对意外事故。电视剧《士兵突击》中有一句话："每次战斗中损伤最大的就是新兵，因为他们没有经历，没有时间适应。"的确，在日常管理中最容易出意外事故的就是新手，因为他们缺乏经验和熟练操作的能力。在同一个工作环境下，老员工能观察到的隐患，新员工一般不容易观察到。而且，隐患一旦变为事故，新员工的应对能力也很有限。作为管理者，应该特别重视对这一部份内容的培训和研究，要让新员工在培训中迅速成熟起来，而不是等待他们在教训中成熟起来。

（4）修补事故反映出的日常管理漏洞。平时工作水平的高低在事故中被充分地检验出来。一般来说，投诉止于小组，说明组长有能力；投诉止于部门，说明部门经理有能力；投诉止于中心，说明中心主任有能力。投诉一级级上去，至少说明某一级管理者在某一方面能力欠缺。每一个事故所引发的不仅仅是事故本身带来的伤痛，它往往显示出日常工作中的不足，这些不足累积到服务对象心里，一旦有一次不愉快的经历，将被放大几倍呈现在阳光下。因此，避免事故和投诉最根本的方法就是平时做好每一项工作，把服务对象的需求真正放在心里，努力在工作中满足他们。

30. 当家长无理取闹时

情景再现

冯园长刚从教育局开会回来，门卫就打来电话，说大班的蓝蓝妈妈又来了。现在只要一听到"蓝蓝妈妈"这四个字，整个幼儿园的教师都会有一种如临大敌的感觉，这不仅因为她嗓门大，更因为她爱无理取闹。自从蓝蓝有一天自己脱衣服时因衣服蒙住眼睛，人没站稳摔了一跤之后，蓝蓝妈妈先是质疑老师只是带孩子简单地去医院看了医生，在医生检查说无恙后没有主动提出给孩子照CT；继而自己带孩子照了CT后没有检查出问题，又开始担心孩子将来长大之后是否会出现后遗症，于是她要求幼儿园提出一套针对"万一有问题"的解决方案。

幼儿园园长临场应变技巧50例

临场应变

"园长，你们想好了没有，到底怎么解决？"人还未见到，带着火药味的问话就已经飘进来。又是那一句雷打不动的开场白。

"蓝蓝妈妈，你来了呀。你看蓝蓝不是每天都健健康康地在上学吗？摔一跤本身没有造成创伤，而且当时我们不放心孩子，也立刻带她去大医院做了检查，你自己也带她去做了CT，不是一切都无恙吗？孩子同以前一样快乐，一点也没有不好的地方呀，你看到底还需要解决什么问题？"

蓝蓝妈妈当即挥手打断了冯园长的话，跟往常一样相当不满意冯园长的回答："解决什么？这个怎么问我呢？这要看你们的态度呀。""可是，孩子好好的，我们现在需要解决什么呢？""看上去好好的，你怎么知道里面是不是也好好的？""你担心孩子，不是也做了CT，显示一切正常吗？""CT说正常就正常了？"她很不屑地再次打断冯园长，"有些毛病仪器根本就查不出来！"

冯园长真的感到很无奈，因为孩子摔一跤的概率太大了，哪个孩子不是在摔跤中学会走路的呢？况且蓝蓝脱衣服时摔跤，并没有造成什么伤害，且是摔在实木地板上，根据常识来判断也应该没什么问题。可是跟蓝蓝妈妈这样绕牛皮糖似的对话已经重复无数次了。

"蓝蓝妈妈，那么你觉得会有哪些隐患呢？"蓝蓝妈妈听罢，撸起了衣袖，清清嗓子对冯园长说："比如将来脑子不灵光了呀，成绩上不去呀，很可能和这次摔跤有关！"为了让幼儿园坚信她的判断，她又加重语气说："我这两天已经觉得她做智力题比以前慢了几秒钟了。"对她如此夸张的描述，冯园长已经习以为常了，比起上次差点踢翻园长的办公桌，冯园长觉得今天的谈话已是相当平和了。

"你看，因为存在这种脑子伤害的隐患，幼儿园是不是应该有个态度？当然这种事要很久才能看得出来，时间太长也不容易解决问题，所以你们应该现在做点什么来弥补我们将来的损失。"今天和以往不同,蓝蓝妈妈表达了她心里真正的想法。

"蓝蓝那么健康地在班里生活学习,相信这一点你自己也看到的,我们和医生都没觉得她因为摔跤受到什么伤害,那你觉得我们该做些什么算是弥补你预感到的损失呢?"

蓝蓝妈妈终于爆发了:"你怎么这样也听不明白?你应该跟我签个协议,然后支付我一笔补偿金啊!不然将来万一我孩子脑子笨了,我找谁理论啊?我告诉你,我在网上都查过了,别人都是这样找幼儿园索赔的,你不要以为我不知道这些事!"

"你说的网上那些找幼儿园索赔的事我们也了解,但是前提是有伤害发生啊,现在蓝蓝好好的,你提出这些要求是不合理的,我们是不可能答应的。如果你觉得我说得不对,你可以去咨询律师。"

接下来,便是大为不满的蓝蓝妈妈开始挥手发表她的不满,以及传达各级领导的"指示"给冯园长,最后蓝蓝爸爸赶到,把她劝回家才算了事。后来此事又有两三次反复,终于有一天蓝蓝妈妈没再出现了,因为她咨询过律师自己这样做丝毫占不到便宜。

温馨提示

不是每一位家长都可以理性地理解教师和教育的。教师常常以为只要自己平时工作认真负责,对得起孩子,真心地爱孩子,家长肯定会理解自己。事实上,这是理想主义的看法,因为人是形形色色、各种各样的,你不可能要求你遇到的每一个人都是你期待的样子。

将心比心的想法可以用来要求教师自己,用这一条勉励和提醒教师要像对待自己的孩子一样对待别人的孩子,但是不应期待每一位家长也如此,不然遇到不能理解幼教工作的家长,教师会觉得难以接受。

现在在媒体上,我们常常会看到许多医患纠纷,听到许多师德败坏以

致残害学生的事例,这些"血淋淋"的事例让人们普遍对医生、教师产生不信任感,而这些不信任感会让负责任的医生、教师倍感压力。许多本来极其正常的情况在当下就变得十分不正常,这种不正常有时也成了一些居心叵测的人存心讹诈的土壤。因为学校需要保持自己不被媒体骚扰的平静,有时不得不向错误的行为妥协以换来当下的"和谐"。但从根本解决问题的角度出发,只要老师没有过错,只要教育对得起良心、对得起孩子,无论被谁拷问都不应该低头。鼓励幼儿园走正当的法律途径来保护教师,同样这也是维护家长正当利益的最好方式,绝不能为求一时解脱而做无原则的妥协,不然会后患无穷。

31. 当家长上门索赔时

情景再现

中午时分,正是幼儿园小朋友进餐的时间,已经吃完的小朋友被老师安排在座位上玩棋类游戏。黄老师正在一旁帮助收拾餐桌,忽然听到有轻轻的哭声,寻声一看,见是想想在哭。黄老师立刻走过去,想想说自己走过来时摔倒了,左手很痛。黄老师随即对其手臂进行检查,发现手臂形状有异,立即一边联系其家长,一边迅速将想想送往就近的医院挂急诊拍片,家长到来后,又应家长要求送想想往更专业的儿童医院,经医生诊断想想肘关节骨折。班主任及带班老师全程陪护想想做完治疗。想想在家休养期间,幼儿园领导和该班班主任教师多次带着礼物上门探望。一天下午,想想家长找到园长办公室要求索赔。

第三章　家园沟通的应对技巧

> **临场应变**

想想家长一进门就是一副冷若冰霜、拒人千里之外的样子，张园长心里立马咯噔一下，知道对方有备而来，抢先说道："想想妈妈，今天上午去你们家没碰到你，你工作很忙吧？"显然对方没料到张园长这样的开场白，一下子仿佛找不到强硬的方式对答，就草草地回应了张园长。张园长给她倒上一杯茶，她端着茶杯开口说："我们的医药费怎么办？""你把票据整理一下，凑齐拿来就是，我们会处理的。"她显然也没料到张园长回答得这么干脆，一下语塞："那还有票据之外的钱呢？很多东西是没有票据的，比如要增加营养，我在菜场买的菜或者肉以及店里买的营养品都是没有发票的。""需要花费的钱我们都会考虑的，只要在法律规定范围内，我们都会承担。"想想妈妈欲言又止，不过还是告别离开了。

晚上想想家长传来一份邮件，索赔金额包括精神损失费、保姆费等在内的费用近10万元。这个要求在幼儿园掀起轩然大波，因为这在幼儿园建园史上从未发生过，以前即使孩子有个磕磕碰碰，只要不是教师的失职，家长都是很理解的，从来不会有人来索赔什么精神损失费。

面对巨额赔偿款，幼儿园马上安排法律顾问着手处理这件案子。法律顾问根据伤情的治疗到后期的康复，以及期间家长的护理、治疗产生的交通费用和必需的营养费，做出了合理合情的判断，提出给予家长12000元的补偿。虽然这已是一个考虑情理、合乎法理后提出的数字，但与家长的心理价位相差甚远。于是幼儿园遇到了前所未有的麻烦，电话骚扰、谩骂，甚至威胁教师人身安全的状况层出不穷。由于始终抱着体谅的心态，幼儿园还是包容地承受了这一切。最后幼儿园不胜其扰，没有再与家长没完没了地谈判，而是敦促家长采用法律途径来维护她所认为的权益。最终依据事实，法院判决幼儿园支付的数字远远低于12000元。

> **温馨提示**

　　这个时代,大家的维权意识都很强。每个人都希望尽最大力量维护自己的权益,却又怀疑别人没有给予最大的诚意。基于这一点,幼儿园对家长的索赔要求也要理解。

　　家长把孩子送入幼儿园,谁都希望孩子平平安安,不要磕着碰着,不过即使在家里四个大人看着一个孩子时还免不了磕破头碰破皮的,幼儿园是孩子集体活动的场所,要完全避免意外发生是完全不可能的,幼儿园勇敢主动地承担自己的责任,赢得家长的理解是最重要的。但是遇到不合情理的要求,幼儿园也绝不能因为想少一点麻烦而无原则地答应,否则会造成连锁效应,给将来的工作带来无穷无尽的麻烦。运用法律的武器来解决难题,既保护了家长,也保护了幼儿园的利益,对双方而言都是最理性的的方式。

32. 当家长送礼上门时

> **情景再现**

　　一年一度的新生招收工作结束了,每年这个时候总有很多失望的家长,当然也有进了优质幼儿园而感到十分兴奋的家长。这天中午午休时分,一位男子敲开了周园长办公室的门,交谈后才知道是9月即将入园的新生家长,他言语中充满了对幼儿园的溢美之辞。周园长询问他可有想咨询的事,他说可能将来会有很多教育孩子方面的问题需要请教。草草交谈了几句,这位家长留下一张名片就告辞了。

第三章 家园沟通的应对技巧

下午整理办公桌时，周园长突然发现台历底下躺着一张购物卡，就立刻打电话叫来刚从她办公室出去的财务老师，问其是否丢了张卡，而财务老师回答说根本没有这种卡。周园长仔细梳理了一遍今天来过办公室的人员，除了园内工作人员就是那位新生家长了。询问完来过办公室的员工之后，周园长把目标锁定在了这位新生家长身上。

临场应变

根据名片上的电话，周园长打了电话过去："你好！麻烦你有空来我办公室一趟，好吗？"这位新生家长很爽快地答应立刻过来。

周园长开门见山："你是不是有东西落在我办公室了呀？""没有啊！""你再仔细找找，你是不是少了什么东西？""肯定没有，我没有少东西。""哦，这样啊。因为你走后我桌上多了一张购物卡，我以为是你不小心掉在这儿的。"听到这里，这位家长的脸色略显尴尬，但还是坚称没有丢过东西。于是，周园长当着他的面给办公室打了个电话："秦老师，我今天在办公室捡到一张购物卡，找不到失主，麻烦您帮我联系一下捐给困难家庭吧。"打完电话，家长便跟周园长道别了。

不一会儿，楼下传达室打来电话，说这位家长承认购物卡是他的，并且报出了商场的名称以及金额，同时出示了自己皮夹内相同的购物卡，以证明那张卡是他的。周园长立即请人把卡送下去还给这位家长，并再次提醒他遵守幼儿园不准给教师送礼的规定。这位家长红着脸匆匆离开了。

温馨提示

家长们总是处于自己设计的矛盾中，一方面责怪学校风气不好，送礼成风，给家长造成困扰和压力；另一方面自己又积极参与其中，想方设法给老师送礼。教师一方面受着社会上"收礼成风"的谴责，另一方面却因

拒收礼物跟家长推来拉去做一些无谓的拉锯战。

礼物，本是亲朋好友在节日里互相赠送的东西，表达了人与人之间最美好的心意和祝福。礼物原本不一定是实质物品，它可以是一个美好行为或是一件事，它的最终作用是把自己的心意传达给对方。在送礼成风的时代，礼物已经背离了它原本承载的意义，更多地是通过礼物的价值提醒对方需要给予相应的回报。而这种潜规则如果没有得到双方心理上的认同，就会慢慢演变成不满和怨恨，以至于影响对整个行业的评价和判断，比如医患关系、官民关系等。

按正常判断，遇到这么一所明确表示拒收任何礼物的幼儿园，家长应该很放心、很轻松，可是事实并非如此。幼儿园每年都会遇到各种各样来送礼的家长，虽然家长讨厌和纠结是否送礼，但是见到收礼的反而见怪不怪、习以为常，见到拒不收礼的幼儿园反而心里打鼓，总想一探虚实。

俗语说，伸手不打笑脸人。太执意的拒绝会伤害送礼人，正是基于这一条，才造成了许多半推半就的收礼。但是经验告诉我们，送礼者的笑脸再灿烂，只要你坚持，一定是可以挡回去的，并且只要挡住一次，就不会再有第二次。而且不管多坚决、多不给面子的拒绝，也不会伤害你和家长的关系。那些认为拒绝了就会让家长觉得没面子、就会伤害家长自尊的想法只是收礼者自欺欺人的自我安慰。只有挡住了所有与你工作有关的送礼行为，你才有可能将工作真正做好，不然你就会成为礼物的奴隶。

33. 当家长目中无人时

情景再现

一楼门卫给园长室打来电话，说是一名家长不出示接送卡，一定要闯入幼儿园接孩子,等孩子接出来时又被门卫截住,继续要求他出示接送卡。家长仍拒不出示,还出口伤人。两个门卫依据条例不放人,结果双方闹得面红耳赤,只好打电话报告园长。

临场应变

陈园长接到电话赶到园区门口,只见两个门卫正在与一位家长理论。看到园长下来,门卫松了口气:"陈园长,就是这位家长,进出幼儿园不肯出示接送卡,请他登记也不干。"

原来是大班一位幼儿的家长。他正一脸不耐烦的样子站在那里,看得出被门卫拦着心里有一肚子气,他身边站着的是大(1)班的孩子杨杨。杨杨在旁边一直低着头,不时地抬头对爸爸说:"爸爸,你违规了!爸爸,你犯法了!"

陈园长微笑着走过去:"杨杨爸爸,今天忘了带接送卡?"身边的门卫立刻过来插话:"他都好几次这样了,每次都是直冲进去,拉都拉不住,今天是他的孩子不让他走,我们才拉住他的。"

杨杨爸爸不答话。

"杨杨,爸爸是不是把卡丢了?陈老师帮你们补办一张好吗?"陈园长转而问孩子。

"不是的,爸爸经常不带的,他说没关系的。我都跟他说这是违规的了,老师要批评的。"

杨杨爸爸被孩子讲得脸上有点挂不住:"好了好了,不就一张卡吗?明天我带。我接自己的孩子,你们搞得那么严格干吗?"

"杨杨爸爸,看来你还不了解这卡的重要性。像你这样进园离园都不刷卡,万一发生什么事,幼儿园的电脑上都查不到你孩子的入园记录,后果不堪设想。再说,如果不刷卡可以随便接孩子的话,万一不是你来接,孩子让别人接走了,你同意吗?"

杨杨爸爸的表情有点改变，看情形他意识到了幼儿园不查卡的危险性，于是拿起笔在传达室补登了接送信息，带着孩子悻悻地走了。

温馨提示

我们常说，孩子是成人的一面镜子，但很多时候看到了自己的错误，成人还不愿意改正。爸爸违规既不承认错误，也不弥补；但孩子在幼儿园接受了规则意识的培养，知道这样做是不对的，在旁边一遍一遍地告诉爸爸："你违规了！你犯法了！"天真的孩子尚不知违规与违法的区别，但他清楚地知道怎样是对的、怎样是错的，他希望爸爸跟别人一样遵守规则。就是在这样的情况下，爸爸还无动于衷，继续坚持自己的错误，这真的令人很担心。我们的孩子在这样的家长身边长大，即使孩子接受了良好的规则意识的教育，也很可能被身边的"榜样"带坏。

当下，几乎人人都习惯于抨击周围的一切，从规则到制度，从环境到风气，从社会到国家，却很少反省自己做得怎样。事实上，每一个人都是社会的一分子，风气好坏与我们每一个人的行为密切相关。你怎样，风气就怎样；你怎样，社会就怎样。但是，人们常常骂着社会，自己却怎样高兴就怎样做。假如所有人都计较于别人不守规则，却忘了自己正在不守规则，那么规则社会是永远建立不起来的。

有很多幼儿园实行接送卡制度，到最后都形同虚设，究其原因就是违规者太多，今天这家长忘了，明天那个家长忘了，幼儿园一次一次的"下不为例"，造就了一个个止不住的"新例"。不过家长自己不带卡随便进出，不代表他们认为幼儿园可以存在接送安全隐患。如果哪天他的孩子被家里其他人接走而自己不知道，他就会严厉地指责你的管理有漏洞，无卡放行存在极大的安全隐患。因此，幼儿园必须严格执行安全制度，绝不允许存在"下不为例"。即使在执行过程中，一些比较随性的家长感觉嫌麻烦，几次坚持下来之后，他们还是会改正的。制度是否能全面落实，全在

第三章　家园沟通的应对技巧

于执行者的执行力，执行者内心要有对制度的信仰和敬畏，有非执行不可的坚持，千万不要使"人性化"成为掩盖制度执行不力的借口。

"人性化"和"灵活掌握"是当下破坏制度执行的两把利刃，在明确的制度下，执行者对不同的人执行不同的尺度，理由均可套用"人性化"，严格执法的人员会被批为不懂得灵活掌握。国人都钦佩德国人的严谨与认真，却从不反省我们是否应从每一件小事的"刻板"做起。上海一高考生迟到2分钟被拒入考场，多少人用"没有人性"来责怪老师，因为规则在我们这从来就是软性的，是可以根据情况"灵活掌握"的，你如果不懂得予人方便，那么制度执行得再好也要挨批。这几年"人性化"被一次次地滥用：事假不批，说你没人性；旷工者挨罚，说你不了解他旷工的原因，没人性；干虚假病假，堂而皇之休息，揭穿他，他说你没人性。"人性"一词已被很多破坏规则的人利用了。事实上，规则制定之前倾听民意，接受多方意见，这需要体现"人性"；制度一旦制定出来以后，就必须是刚性的，不能因为任何借口而影响制度的执行。管理者不要因为怕别人扣"没人性"的帽子而在执行制度时畏首畏尾。只要制度是合理的、正确的，就要不折不扣地执行，没有任何特殊和例外。

34. 当家长恶意威胁时

情景再现

晚上7时，幼儿园里一片寂静，王园长由于有些事情要处理，此时还在园长办公室。她的手机突然响起来，一按电话键，一个恶狠狠的声音响起来："你是园长吧？今天我老婆从你们幼儿园回来后非常气愤，现在我们全家也非常气愤！你马上把你们教育局的领导找来，给我回电话！"话语

如连发炮弹一般，王园长一句话也插不进去。家长的一大串话讲完，王园长才听出是小忆爸爸，小忆妈妈是因为小忆和小朋友吵架引起纠纷，要求对方索赔而来幼儿园的。其实小忆也就是额头破了点皮，缝了两针，对方家长当天就提着水果篮在班主任的陪同下去了他家。可是小忆全家拒不接待，弄得老师也很尴尬。

临场应变

见家长说完了，王园长心平气和地说："请问是小忆爸爸吗？我真的不明白你为什么要发火，小忆妈妈和我们谈得很好啊，离开时也很愉快的呀！""你不要跟我说这些，我们小忆不是随便可以被别人欺负的，你们不给个说法我们是不会罢休的。如果你们不按我们的说法做，我告诉你，我白道黑道都有人，我可以把那小孩打残了。"家长如此蛮横无理，王园长十分惊讶，她知道这种时候跟家长争辩解释是毫无用处的，于是说："我相信你说的不是真的，你是气急了才这么口不择言的。你的心情我理解，我相信这是您的气话。""不是气话，我说的是真话！不要以为我不会来真的，惹急了我什么都做得出来。"

孩子之间的一件这么小的纠纷，其实完全不该演变成现在这种局面。家长说这种话，如果录下音来，完全可以作为威胁幼儿园及家长的证据。但王园长觉得针锋相对不是上策，因此还是以倾听为主，让家长发泄完毕。果然对方喊累了，终于停下来了："我说的你都听见了没有？叫你们上级领导来见我。"王园长告诫自己耐住性子："你今天说的都是气话，我看明天我们面谈一次好吗？我们当面交流一下？""我很忙，没有时间。""有些事电话里也解释不清，是需要当面沟通的。我等你吧，时间你来定。"对方有些迟疑，口气比先前缓和许多："好吧，那看我有时间再说。"

第二天，小忆爸爸如约而至，还好，场面不像想得那么惊心动魄。王园长把事情经过又向他讲述了一遍，同时转达了对方家长的歉意和诚意。

经过漫长的 3 个小时的谈话，小忆爸爸终于收起了昨天的那一套威胁，勉强接受了对方的心意。

温馨提示

不要以为在幼儿园工作就是与小朋友打交道，形形色色的家长也是幼儿园教师需要应对的对象，导致老师们普遍感觉心理压力极大。像小忆爸爸这样的家长不是第一个，也绝不会是最后一个。老师爱孩子，孩子也爱老师，但这绝不等于孩子的家长也爱老师。平日里无事你觉不出什么，一旦有点闪失，像小忆爸爸这类人是不太容易理解老师的，更不会站在客观的角度来评价老师。

所以，老师们也绝不要以为自己平时工作认真就不会遇到这样的家长。被利益驱使，个别家长有时会采用极端方式或通过语言、行为的威胁来为自己谋求利益。面对这样的家长，既不要被他吓倒，更不要与他一般见识，因为从心理学角度而言，内心虚弱的人才会恶语相向威胁他人，如果我们被他的语言吓倒了，他可能会更加变本加厉地威胁，甚至做出其他破坏性的举动。

冷处理是应对这类家长最好的方法，不正面回应他们的威胁，用平和的语言避开他们的锋芒，对无理的诉求不予理睬，对合理的部分给予认同和安慰。应对这类家长要有礼有节，不要因为对方盛怒我们就愤怒，也不要因为对方无礼我们就急躁，坚持自己有道理的一面，融合互相认同的部分，绝不轻易放弃正确的原则，否则会后患无穷。

孩子之间正常的纠纷被家长弄到如此剑拔弩张的局面，对于孩子，对于教育，对于社会都是一种悲哀！现在个别的年轻父母太关注自己的利益和自己孩子的利益，却不知道与朋友相处，从争执中获取友谊也是一种收益。目光只聚焦于眼前利益，看不到孩子的将来，看不到在这些事件中孩子受到的二次伤害，是不少家长在教育孩子问题上失败的重要原因之一。

原本可以让孩子在一次意外中体会别人的感受,学会如何相处才能赢得朋友,却在家长掺和中变了味道,导致两个孩子都失去了一个朋友。也许这样的事会从此在孩子心中埋下阴影,家长却还在为自己出了口恶气而自鸣得意:"人还是要凶一点好啊!"但很多事实证明:人还是要厚道一点才好!

35. 当家长溺爱孩子时

情景再现

上级办公室打来电话,说大(3)班林浩小朋友的妈妈请求换班,要把林浩换到大(3)班。王园长询问理由,对方支吾半天说:"总是和老师不合拍吧,没缘分。如果可以换的话麻烦考虑一下。"王园长觉得这个电话太蹊跷,决定亲自了解一下来龙去脉。

王园长来到班里,向班主任了解林浩小朋友的情况。不问还好,一问倒引出班主任一肚子苦水:"王老师,我们都郁闷死了,自从这个学期和林浩妈妈多谈了林浩的情况,她妈妈就对我们没有好脸色了。"

临场应变

王园长认真听完班主任的诉说,原来是这么一回事:这学期开学以来,林浩不知怎么回事,经常说一些不文明的话,还时不时把自己的裤子脱下来,露出小屁股给同伴看,引得大家起哄或尖叫才收场。班主任觉得事情发生得很突然,于是及时和家长取得了联系。第一次家长不以为然,说最近林浩在家里有时也这样;后来次数多了,家长有时脸上有些愠怒,有时又和老师诉苦,说自己也管不好小孩,没办法了。老师们想了各种招数,

第三章 家园沟通的应对技巧

教育、批评、诱导，却仍无法取得预期的效果。最近，班主任试着劝家长带孩子去咨询一下医学专家，哪知家长一听就愤怒了，于是就向园里提出要求更换班级。

光听班主任的一面之词也不利于全面了解情况，王园长又约了林浩妈妈见面。林浩妈妈一听这话题就有些激动："王园长，我实在受不了了。老师看不起我的孩子，每天见到我就是讲孩子的不好。我们的孩子有那么不好吗？如果老师总是抱着这样的心态，那我们在这个班里待着还有希望吗？"看起来，林浩家长的确误会老师的好意了，老师们是真心希望帮助林浩纠正目前的状况，但家长显然因为溺爱自己的孩子而看不到老师的苦心。

"林浩妈妈，你觉得林浩喜欢班里的两位老师吗？"

"小孩子么，懂什么啦！老师不喜欢他他也不知道，每天被老师骂，回家还说老师好。唉，谁叫我儿子厚道呢。"

"你看，孩子是最不会掩饰的，林浩那么喜欢自己的老师，说明老师是喜欢孩子的。老师之所以经常跟你反映孩子的情况，是真心地关爱孩子，希望孩子尽快好起来。老师年轻，可能说话过于着急了，你听起来可能有点逆耳，是吧？"

"王园长，我知道我要求换老师理由不太充分，所以我不好意思跟你提，只好去上面托人请你帮帮忙。我也是希望耳根清净点，小孩子么，总是有这样那样不好的嘛。老师要求高了点儿。"

"每个父母都是爱自己的孩子的，这个我很理解。我们都希望孩子能够健康快乐地成长，总不能孩子发展有点偏了，我们还是一味地当看不见，这样的爱就有点糊涂了呀！我也观察了林浩几天，他的确与往常有点不同，我们还得分析分析造成这种状况的原因，应该尽量纠正他。否则，这样的习惯一旦养成，跟着他一直到他长大，你可以接受吗？"王园长的话显然触到了林浩妈妈最纠结的地方。"我们先不谈换不换班的事，你能跟我说说最近家里家外有哪些变化吗？"

林浩妈妈见王园长如此诚恳，开始逐一认真回忆最近发生在身边的事：一是自己所租住的房子的旁边搬来一位生活不检点的女子，经常着装暴露带陌生男子进出；另外，最近家里老人生病，夫妻二人带孩子时间极少，而且心情也不是很好。

王园长建议，在没有可靠的人帮助照顾孩子的情况下，夫妻二人必须有一个人要认真照顾孩子的生活；另外，如果有可能离开那个生活环境的话，就换一个住所，反正他们也是临时租住的。

一个月以后，林浩妈妈对王园长说，老师对林浩挺好的，她不想换班了。

温馨提示

高尔基说过：爱孩子是母鸡都会的事，可是要善于教育他们，这是国家的一桩大事了，需要才能和全部的生活知识。每个妈妈都爱自己的孩子，但是爱的方式是千差万别的。林浩妈妈爱自己的孩子，但是爱得很不理智，不希望听到老师批评自己的孩子，不希望有人指出自己孩子的缺点，闻过则恼。为了逃避这种情况，她选择更换老师。其实她逃避的不是孩子的老师，而是对孩子的教育、孩子的成长。以这种方式爱孩子对于孩子来说是危险的，因为孩子在成长过程中得不到纠偏的机会，一旦方向错了，就会在这种溺爱之下错下去。发生在上海浦东机场的留日学生弑母事件，给多少溺爱孩子的母亲敲响了警钟！那位留日学生从小也是备受母亲呵护，即使在长大留学之后，母亲也是倾尽自己所有先紧着孩子用钱，再考虑自己。可是一旦没能满足孩子的要求，就被自己的孩子杀害，这是血的教训。

如此极端的例子是少数，但是能做到理性地爱孩子的亦不多见。幼儿园老师的处事风格也各不相同，一些嘴巴甜善于表达，经常夸赞孩子的教师明显受到家长的欢迎；一些工作认真、做事严谨，常常与家长交流孩子表现，指出孩子缺点并希望家长配合教育的教师，却不是很受家长待见。有时候家长会指名道姓要求把孩子放在某某老师班里，不放在某某老师班里，事实上这种选择标准与园长心目中的好老师标准常常有偏差，家长们总是选择喜欢报"喜"的老师，而不选择经常报"忧"却做事认真、关心孩子的教师。

让孩子身心健康成长是幼儿园的天职，理想幼儿园的标准是使每位老师都能把孩子的健康发展放在首要位置，这才是真正达到了"育人"的目的。

36. 当家长要求多多时

情景再现

新的学期开始了，孩子们陆陆续续来园报到，天天的妈妈去找班主任，要求安排一张比较好的午睡床位。

天天妈妈是提要求比较多的孩子家长之一，比如春游的时候会提出给孩子安排前面一点的位置，合影的时候要求把孩子安排在第一排；每天擦手的毛巾要挂在离盥洗池远一点、干燥一点的地方；每天体育锻炼后要帮天天换一件内衣；不要把天天和顽皮的小朋友安排在同一组；早晨的领操最好经常让天天上；每周一升旗最好能让他当小旗手，等等。总之，天天妈妈的要求之多，算幼儿园之最了。

学期过半，突然班里有个小朋友在外面感染了手足口病，恰巧和天天在同一组，于是天天也不小心被染上了。天天和那个小朋友都被隔离治疗，在家休息两周。

这天，天天妈妈脸色很不好地来到了园长办公室："园长，我强烈要求

你们把欢欢调走，他不能待在这个班里。"

欢欢就是天天班里第一个染上手足口病的幼儿。

临场应变

尽管对天天妈妈有了足够的了解，但陈园长对天天妈妈的要求仍然感到很意外："为什么欢欢不能待在小（1）班啊？"

天天妈妈口气十分强硬："欢欢的家长一点儿都没有公德心，孩子生病了还送过来，害得天天也染上，这耽误我们多少工作？我认为这样的人是危险分子，不能待在这个班里，他是不受欢迎的人！"

陈园长见天天妈妈神情激动，知道一时半会儿她还回不过劲儿来，就问了下天天的病情。天天目前正在恢复中，已无大碍，只是因为传染病不能来园，耽误了她的工作。聊到这里，陈园长顺势说道："听说每天去你家玩的小朋友今天查出来疑似，已经不去上学了吧？"

"是的，你看，把别的幼儿园的小朋友也传染上了。"天天妈妈又开始生气。

"你看，天天妈妈，传染病的传播有时候传播者自己也不知道。好比天天跟小朋友在家里玩的时候，也不知道自己已经患上了手足口病，要是知道了你也不会让其他小朋友来玩的，对吧？所以欢欢在没被检查出来之前，家长也是不知道的，他也不是故意要把病带到幼儿园的，你说是不是？"天天妈妈好像突然意识到现在天天也已经是一个"传播者"了，不自觉地接口道："那倒也是。"

情绪平静下来的天天妈妈和陈园长聊了半天，陈园长向她介绍了疾控中心关于防止传染病在学校蔓延的一些措施，她对孩子在家隔离检疫有了新的认识，离开时终于不再坚持要欢欢离开小（1）班了。

温馨提示

但凡在由人组成的社会中，就有各种各样的情绪和各种各样要求的人，我们不要对那些诉求很多的人感到奇怪，也不要对诉求很多的人另眼相看。单从服务与被服务的角度来看，被服务者有任何需求都是正常的，假如你不能满足他的要求，只能说明你的服务跟不上需求，而不能责怪被服务者要求太多。被服务者不断有要求提出来，一方面说明服务者的服务始终没有到位，另一方面也反映出被服务者对服务者的信任度不够，他只有通过不断地提出要求来提醒"我需要你的注意"、"我需要这样的服务"，因为假如不提出来就有可能得不到这样的服务。

不过从幼儿园的角度来看，除了服务功能，更多的还是担负着教育的功能，因此一味地迎合家长不能解决根本问题。幼儿园是通过教学以及日常生活各个环节来教育培养孩子。如果一味地按照家长的要求调整对孩子的要求，或者改变原本正常的教学安排，教育就会脱离原有的轨道，滑向不能掌控的方向。因此，遇上这样的家长，首先要懂得体会和理解他的心情，要学会换位思考，多站在他的角度为他着想；其次，要把工作做深做透、做细、做实，既满足幼儿的教育发展，又满足家长的心理需求。工作中既考虑原则又兼顾家长的感受，会使家长放心许多。比如请领操员、请小小值日生，班级老师在安排这种活动时，务必考虑每一个孩子的特长、能力，给予孩子公平的展示平台，千万不能以为孩子的事只是小事，凭心情或凭喜好指定小朋友，这样可能既伤了孩子又伤了家长。又比如安排座位、床位的事情，老师也要慎之又慎，不能随意抓阄安排，也不能固定地按照一个模式到底，否则有可能造成睡在边上的幼儿，三年都睡在边上，睡在风扇下的一直在风扇下。教师的无心之举其实在一些家长眼里就等同于无责任心或者有意偏袒，因为没把他的孩子放在心里。所以，教师要慎重对待牵涉孩子的每一件事，只有心底真正爱着每一个孩子，举手投足之

间才会自然地充满爱意。心中缺少爱意，别人是可以感受到的，即使用再多的理由去掩饰也无济于事。

另外，教师还要学会和家长交朋友。幼儿园担负着教育的使命，这不仅针对孩子，还针对家长，必须将科学育儿的正确教育观与家长分享。把家长当朋友一样相处，家长就容易接受你的观点，就能够在交流中把一些正确的理念传递给家长，恰如其分地指出家长原有观念或行为中一些错误的地方，使家长在你的指导下不断调整自己的教育行为，家园共同形成合力，孩子才有良好的教育环境。

37. 当家长择师挑师时

情景再现

又快到暑假了，莫园长跟往常一样，忙于布置期末工作。副园长从门外跑了进来："莫园长，你千万别下楼啊！""为什么？"莫园长觉得莫名奇妙。"是这样，托(1)班的家长挤满了楼下会议室，他们一致要求见你呢，我说你不在，可他们还等在那不肯走。你千万别下去啊，下去可就脱不了身了。"莫园长笑了笑："躲可以躲一辈子吗？走，一起下去看看。"

临场应变

莫园长刚推开一楼会议室的门，家长们就拥了上来："莫园长，我们强烈要求不换班主任！""莫园长，我们不想换老师！"莫园长摆了摆手，请家长们到座位上休息："大家请坐，我们坐下来慢慢说好吗？"家长们见园长很愿意与大家交流，就很快地找到位置坐了下来。

"这样,你们一个一个说好吗?让我了解一下你们的要求。"

"莫园长,我们的小孩身体很不好,好不容易跟现在的老师熟了,老师也了解我们孩子的身体情况了,所以我们不想换老师。"

"莫园长,我们现在的老师工作很负责,我们都很喜欢她,我们都不愿意换老师。"

"莫园长,我们小孩喜欢现在的老师,换了老师会影响孩子的情绪,我们不想换。"

"莫园长,你们换老师应该征求我们家长的意见,我们都不同意,你们不可以换的。"

……

家长们七嘴八舌、接二连三的发言,基本信息就一个:就是不同意托(1)班升小班换老师。听完这些,莫园长心里有谱了。

"各位家长,大家说的理由我都理解,大家的要求我也明白,我也说说园方的理由,大家听一听、想一想,然后我们再来商议,怎么样?"莫园长的话得到了家长们的认同。家长们开始安静下来听莫园长讲话。

"你们的孩子喜欢老师,这点很高兴,也理解大家的心情。不过幼儿园的排班,教师的搭配是根据每位老师的不同特点和长处,结合整体组合优化考虑的,有些教师适合教低年龄托班,却未必能带好大年龄班,毕竟每个人都有自己的优势和短板。去年你们对我园一无所知时还放心地把孩子交给我们,对编班没有提出任何要求,现在,你们对我们已经比较了解,应该会更放心园方的安排和选择吧?"

莫园长语重心长、情真意切的话打动了家长。二十几位家长都表示愿意服从园方的安排,相信会为孩子安排一位负责任的老师。大家又咨询了一些家教问题后就散去了。

温馨提示

人们对于未知的情况总是存在担忧,从这一点来看,应该理解家长的这种担心和迫切的要求。经过一年的相处,家长和孩子刚刚和一位教师磨合好,是不太愿意再花精力去认识一位新教师的,除非原来的教师令他们不满意。但事实上,孩子在四年中只跟随一位班主任也是不切实际的,而且这样也未必就对孩子好。一方面托班教师和大年龄班教师在教法上有明显不同,长期教托班的教师对大年龄班幼儿的教育掌控并不一定很好;另外,大年龄班的教学方式和托班也不同,教学能力方面的要求也不同。幼儿园一般在托班安排特别擅长照顾孩子的教师,在小、中、大班安排教学能力比较强的教师,这样孩子获益会更多。另一方面,为孩子适当地更换教师,有利于孩子适应不同的教师,养成基本的适应环境的能力,同时也避免了同一教师固定的思维模式对孩子的影响,不同风格的教师对孩子会有不同的帮助。

当然对于幼儿园来说,师资的培养要均衡,这样可以避免家长挑师择师,造成教学困扰。只有当幼儿园拥有的师资都是合格的、优秀的、令人放心的,才不会有众多家长择师挑师的现象出现。从教师角度而言,择师现象对被择教师是一种压力,对没被选择的教师更是一种压力;从园长角度而言,同意择师是一种麻烦,拒绝择师引来的还是麻烦。所以根本的办法就是提高全园教师的整体水平,提高全体教师为家长服务的意识。

处理这类家长工作要得体,既要听取家长的意见,又要坚持幼儿园的原则,要有理有据,不随心所欲。这种群体性的家长投诉事件,既不能刻意逃避,也不能谈虎色变,避之唯恐不及。刻意逃避会把小事酝酿成大事,家长由于得不到解释或找不到沟通渠道,会扩大消极情绪并使之蔓延,最终不可收拾。另一方面也要特别注意不要小题大作,园长要学会冷静淡定地处理急事和大事,在处理过程中做到"大事化小,小事化了"。

处理这些事情，应当遵循不卑不亢、有礼有节的原则，既充分尊重家长的意见又不盲目应允家长，不然很可能一件事未了，又起新的事端。

幼儿园的教学安排要以对孩子有利为第一方针，任何变动或安排如果本着为了孩子更好发展的原则，就一定可以说服家长并使家长信赖园方。如果工作安排从一己私利出发或是未经过全面分析衡量，那么一旦遭到家长质疑就很难向家长解释并取得家长的理解。因此，幼儿园的任何与家长、孩子有关的工作安排，都必须经过园务会议慎重讨论、分析再形成方案，否则容易使工作被动，难以开展。

另外，从教师的角度来说，当你要离开这个班接受新的任务时，应该多向家长宣传新老师的长处和特点，让家长由于信赖你而产生对新老师的信任；千万不可为了满足一己虚荣，为了让家长留住自己、夸赞自己，为了让园方感到自己多么受家长欢迎而刻意贬低同事，引起家长的担忧和恐慌，使原本心态正常的家长对更换老师产生恐惧和担忧，从而造成幼儿园整体工作安排受阻。家长也要学会慧眼识老师，贬低、嘲笑同事的老师肯定不是好老师，更不是值得信赖的老师。

38. 当家长犹豫是否给教师送礼时

家长来信

王园长：

您好！

第一次新生家长会上初闻您对送礼之事的解说和制度、举措，从心底里对您感到钦佩。我为我的孩子能在这片不受污染的净土上成长而感到庆幸。但我总归是有一丝疑虑的，毕竟现今与口号背道而驰的事情太多了。

这不,第一个教师节马上就要到来了。眼见周围有孩子在上学的同事、朋友纷纷请假去为老师买礼物、买卡片,通过各种渠道给孩子的老师送去,我心里就很苦恼。

倒不是因为这份花销本身,而是害怕一份心意最终演变成孩子成长的阴影和大人们的一种势利攀比。即便我为孩子赢得了老师投桃报李的额外呵护和专宠,但这样的呵护和宠爱有多少是发自老师内心的,有多少又是得益于不正当的利益交易所赐?可是不送,我又担心班里其他孩子都送了,我的孩子因为这样受到老师的白眼?您说,我该怎么办呢?

临场应变

相信存在这样困扰的家长不在少数。收到家长信件的当天,王园长就召集全园教师开了一次大会,重申了幼儿教师不准向家长索取礼物、收受家长礼物的规定。随后,又在幼儿园大厅及幼儿园网站张贴了"劝告书",在申明幼儿园规定的同时,劝告家长不要给教师送礼。一句真诚的感谢就足以表明他们对教师工作的认可。为了彻底消除家长的疑虑,王园长在和其他教师商量后,在幼儿园大厅显眼的位置放了一个硕大的垃圾桶,桶上用醒目的字体标注"礼物暂存处",不允许家长将任何礼物带进教室,离园时一律随手带回,此举进一步粉碎了部分家长试图送礼的想法。

采取了这些措施之后,王园长给这位家长写了回信,信的内容如下:
家长朋友:

您好!

很高兴您的来信,让我知道像您这样的家长的困惑,也让我认识到我们做得仍远远不够。

幼儿教师是不能接受家长的任何礼物的,这是幼儿园的规定。收到您的来信后,我们也采取了相应的措施,相信您很快会看到我们的努力。

希望您能和我们一起保护和捍卫这一块净土,有你们的配合,我们幼

第三章　家园沟通的应对技巧

儿园才能坚持这长期以来形成的良好园风。

希望您能一直热心监督我们的工作,让我们在家长期待的目光中越做越好!

再次感谢您的理解与支持!

温馨提示

老子曾说:"天下难事,必做于易;天下大事,必做于细。"它精辟地指出若想成就一番事业,必须从简单的事情做起,从细微之处入手。所谓"一树一菩提,一沙一世界",生活的一切原本都是由细节构成的,如果一切有序,决定成败的必将是微若沙粒的细节,细节的竞争才是最终和最高层面的竞争。案例中网站的"劝告书"和大厅的"礼品暂存箱"彻底打消了家长的疑虑,为幼儿园整体形象的塑造做出了贡献。

从小处着手在于使工作细化,至少要做到工作内容指标化、工作要求标准化、工作步骤程序化、工作考核数据化、工作管理系统化,这一切都落到实处以后,只要按部就班,就可以自然而然达成最佳效果。每个单位都有自己的制度和目标,可是并不是每个单位都管理有效,很多时候是失之于细节。细节的疏忽会损害全盘的利益。而注重细节不能是一句空话,管理者要学会将工作目标细化为具体的指标,使员工清楚地知道自己要完成的内容及达成的要求,同时对员工的工作要求要形成科学的考核标准,并确保这一考核能经得起推敲和反疑。考核标准不能朝令夕改,不能仅凭感情用事,也不能仅仅依赖于数据的积累,要学会全面地评价员工的工作水平和服务质量,因为有效的评价是服务质量再次提升的动力,而似是而非的评价将打击员工的工作积极性。

细节让管理与众不同,细节使管理者如鱼得水,但细节从何处觅得?应该从关注被服务者的感受而来。幼儿园可以设置"回音壁",随时收集家长的疑问;可以开设园长信箱,每天按时取信,当天及时回复家长的各

类意见和建议。家长的想法和意见被尊重和关注，既会让家长感到满意，也会使幼儿园工作的水平和尺度在不断满足家长的要求的同时逐渐提升，换句话说，是家长成就了今天的幼儿园。始终如一地保持最佳的服务水平是很困难的，好在幼儿园会不断拥有提出新要求的家长（或客户），他们始终在督促幼儿园改进和提高。保持服务水平是比技术能力更为重要的一点。许多有天赋的人不是最成功的人，就是因为他们没有掌握这一原则。

对家长，对任何人都不能持有高高在上的态度，一次谦虚的意见交换，抵得上几次艰难的游说和争辩。所以，要永远关注被服务者，追踪并保持的服务水平可以使你事半功倍。

39. 当家长对"分享"存在困惑时

家长来信

马园长：

您好！

我有一些困惑想请您解答。

园里为培养孩子们懂得分享并用行动来实践分享，鼓励家长配合孩子带一些东西与小朋友们一道享用。老师们用心良苦，这本无可厚非，但万事过犹不及。如果教师处理不当，就很容易给人一种"你必须带"的暗示，进而演变为"谁带的最多、最贵重、最周到"的灰色比较，成为家长们的一种负担。

我时常看到老师拿着某些家长带给小朋友的东西，对另外的家长说：

"这是××家长带给小朋友们的……"听这话的家长尴尬地回应:"哦!下回我们××也会给大家带的……"结果,有心的家长越来越频繁地带着越来越精致的东西给老师,说是孩子让带的,或说是孩子不习惯园里的一些吃的、用的。老师欣然地收下,说:"你们带的真是好东西,孩子不喜欢园里的,那就把家里的好东西拿过来吧。"

我看到有些家长为孩子能带什么去幼儿园给大家而大费心思。我还看到在给家长布置课后教学的任务时,老师对一些家长笑容满面、不厌其烦地指点,却对另一些家长冷若冰霜、不耐烦地打发。

我并不反对甚至很赞成偶尔在节日期间给小朋友们捎去家长的祝福和心意,那是家长自愿的。但现在因为老师的过分鼓励,偶尔变成频繁,自愿变成了无奈,更为那些利用送礼来为自己的孩子获取特别照顾的家长提供了名正言顺的途径,甚至无意识地改变了老师公正公平地对待每一个孩子的可能。

同时,如此名目繁多的食品、玩具、日用品等,难道不会打乱园里的总体安排?不会打乱孩子的饮食规律?不会让孩子潜意识里进行攀比?

或许,我所见、所听的事实不能说明这是经常性的群体性的事件,也或许我的想法与看法有失偏颇,但无论如何我诚挚地希望幼儿园能越办越好,希望幼儿园的理念能不偏不倚地贯彻到位,不致在执行落实的过程中过犹不及。

如若经您核查,确有我所述的情况,并且您也认同我的观点,希望在修正过程中也注意不要矫枉过正。

感谢您在百忙之中处理本信件!

顺祝生活愉快!

临场应变

家长的信有理有据,引起了马园长的重视,她决定好好调查一下此

事。同时，她给家长写了一封态度诚恳的回信：

家长朋友：

您好！

收到您的来信，很感谢您对教育的关注，也很钦佩您对教育现象的思考。

现在，越来越多的人对一些悖离教育本质越来越远的东西熟视无睹，正如您所说，也许老师原来的出发点是好的，但是事情的发展可能会越来越偏离了初衷。

您的来信让我很羞愧，这说明在我眼皮底下的一些常规教育，我也许只看到了它表面泛起的光环，而忽略了它可能存在的副作用。我很赞同您的观点，因为在我的心目中教育应该是一片最圣洁的土地。

您提出的问题我会作为本月专题在园务会上组织讨论。

谢谢您的来信，感谢您对幼儿园工作的支持。

温馨提示

幼儿园里分享礼物已不是新鲜事，起初可能是来自于几位热心的家长，他们可能觉得有一些物品原本家里就有很多，孩子一人独享不如和大家一起分享，于是拿到幼儿园来给孩子们一起用、一起玩。老师们起初的赞美和感谢肯定也是真诚的，感谢家长的大方友好，给孩子们提供了很多游戏材料或是给了孩子们更多体验的机会，这种赞美肯定不是为了刺激别的家长竞相模仿而故意说的。不过，很多事情往往是以我们不能预料的方式向我们不能左右的方向发展的，越来越多的家长开始参与到赠送"分享品"中的时候，其中也许夹杂着一些被迫加入的人，他们可能迫于压力或面子而加入，也可能是为了迎合这种氛围而故意花钱买物品来分享的，这种情况无疑给家长增加了负担，家长们暗中互相比较又增强了攀比心理。

第三章 家园沟通的应对技巧

在这位家长提出质疑的时候，老师们却在大呼冤枉：因为他们可能真的没有主动去要求家长这么做。不过这并不能说明老师的无辜，因为的确有老师在家长赠送的"热情"中以自己的鲜明表情刺激了家长，使送的人觉得还好自己送来了，使没有送的人压力倍增。而这种情绪和氛围是幼儿园最应该避免的，幼儿园的一切应该是让孩子和家长感到愉悦和轻松的。

我们看到国外的学校有很多家长义工，更有许多家长自愿捐助教学用品，也许我们会说别人这么做怎么没事，我们做了家长就要质疑？关键不在于家长送不送，而在于教师的态度。国外教师对家长的捐赠和义工服务所持的态度是平和、淡定的，即你愿意来做是好事，我们接受，但不会大张旗鼓张贴"红榜"以示鼓励，更不会因为一部分人的慷慨而刺激打击另一部分人，所有的捐赠和义务劳动不是因为你鼓励我表扬我，我才要做，而是我愿意这样做；而我们做法的欠妥之处就是过度赞扬赠送物品的家长，这让没有赠送的家长情何以堪？过度的赞扬也贬低了好意赠送的家长，把他们的自觉与自愿变成了表扬下的产物。

所以，幼儿园可以接受家长的捐赠和服务，但不能过度地加以赞美和褒扬，所有这一切都应该回归自然，回归本真。

40. 当家长对孩子升班更换教师存在困惑时

家长来信

莫园长：

您好！

作为一名托班新生的家长，也是一名没有任何教育经验的妈妈，在此

冒昧跟您提两个困惑：

第一，听闻托班升小班后，三位老师将更换！我们有些担心，也觉得可惜和不解。担心的是小朋友好不容易和老师们处得很好了，换了老师会不会又要不适应（要知道刚上幼儿园的适应期曾让我们家长很困扰）；可惜的是，小朋友现在和现任老师已经有了比较好的感情，也可以说老师的辛勤劳动给小朋友带来了安全感，小朋友已经很信任这几位老师了，我们家长也觉得和老师沟通比较轻松了；不解的是为什么要换老师？记得开家长会时，听您介绍是把优秀的老师安排在了托班（这点我们家长有目共睹），是因为这些老师不能胜任小、中、大班的教育工作吗？（因为我们是外行，不能判断）

第二，又闻托班升小班人数会增多，班上的小朋友有多少啊？会很多吗？这样孩子升了小班后，不仅老师的面孔换了，连同学的面孔也变得陌生了，作为家长，我们很担心孩子能否适应。

不好意思，以上两点疑惑请园长在百忙之中予以解答，非常感谢！

临场应变

莫园长在收到信件后，针对家长的困惑，立即给予了回复。

家长朋友：

您好！

感谢您对托班老师的信任。

幼儿园的排班工作一方面是根据教师的教学水平、教学特长，另一方面结合教师的个人意愿进行双向选择。总之，无论如何排班，我们都是本着对家长、对孩子负责的态度，请您放心，并一如既往地支持班级教师的工作。从托班升小班更换老师是正常的，您不必担心，孩子们完全可以适应。而且，暑期有亲子活动，老师和小朋友马上会熟悉起来。

托班并不是每所幼儿园都有的设置，很多幼儿园的孩子在一所幼儿园读完托班，小班还得上另一所幼儿园，但孩子依然适应得很好。所以，这一点请您放心。能认识更多的小朋友，对孩子来说是一件快乐的事，人的一生就是与其他人从陌路到相知的过程。

更换老师不是因为教师不能胜任，也不是为了个别班，而是基于幼儿园的全局最优化考虑。这点我想您一定理解。当您对我们不是十分了解时，您把孩子交给我们，完全信任我们的三位老师；现在您已比较了解我们了，我认为您应该更加信任我们。

根据教育部门的相关规定，从托班到大班，随年龄的增长，班额是不断递增的，因此小班比托班人多，这是肯定的，也是必然的。

不知以上回复是否已解开您的疑惑？更换老师和重组班级是托班迈向小班的必然程序，请您配合我们和孩子一起适应吧。如果您个人有什么特殊要求，请在5月以前告诉我，在能力范围之内我会尽可能地帮助您解决。

家长没有想到园长这么快就给了回复，园长认真对待此事的态度让家长很是感动，她思考了一些天后，给莫园长写了一封回信：

莫园长：

　　您好！

　　收到您的回信非常激动和不知所措，激动的是您迅速而又负责地给我回信，不知所措的是看了您的回信，不知道该怎么跟您沟通。比如要不要透露自己家小朋友的名字，会给她造成困扰吗？说实话，家长在跟老师沟通方面比在单位跟领导沟通都要注意说话的方式，更不要说跟您了！（呵呵）所以，思想斗争到今天才给您回信，希望您能谅解，这是一个原因。另外，我也考虑了一段时间，关于要不要跟您提特殊要求的事（本来也想锻炼孩子的适应能力的，但她体质实在太差，上学期只上了1个月的课），这是没有及时回复您的另一个原因，请原谅。

　　我和孩子爸爸商量后，认为您既是一位通情达理、具有现代教育理念

的教育工作者，又是一位成功的好母亲，肯定能理解我们的苦衷的，所以，有个不情之请：升小班后能否让我的孩子跟她的班主任或者是保育员在一起？看了您的回信，我非常理解园内的全局最优化管理，也非常想配合您的工作，但是开了家长会后我也听说了一些情况，我家孩子因为身体的原因目前还是只能上半天的课（是遵了医嘱），所以在能力上和上全天课的小朋友相比还是有一定差距的（我们相信只要小朋友身体好了，也会很棒的）。我们希望能得到您的关照！

　　还想特别跟您报告一点：我们孩子所在班的保育员阿姨非常好，工作责任心很强，对小朋友也很细心，人看上去特别友善，我非常喜欢。班主任也很好，非常负责任。

　　最后，要是必须换老师的话，请给我们安排一位比较细心的老师，拜托了，不胜感激！对不起，给您添麻烦了！

　　再次收到家长的来信，莫园长很高兴：可见初次沟通见了成效。针对家长提出的要求，她立即给予了回复。

家长朋友：

　　您好！

　　您愿意把心里的想法告诉我，我感到很高兴。作为一位母亲，您的心情我完全理解，您所提的要求也在情理之中，我会在规则之内尽量满足您。不过，目前全园的整体排班情况尚未完全确定。一般而言，托班的教师、保育员跟班上去的只是一部分，如果您孩子所在班的老师或保育员会跟班走，我会满足您的要求；如果三位老师都不在小班的话，我会根据您孩子的身体情况，将她安排在比较而言更仔细的老师班里，以便更好地照顾孩子的身体。

　　总之，您把孩子放在我们这儿，我们一定会好好地照顾，解除您的后顾之忧。

第三章 家园沟通的应对技巧

> **温馨提示**

当家长提笔准备给园长写信时,大抵是酝酿很久、下了很大决心的,而且通常会情绪比较激动、言语比较偏激。接到这样的来信,猛一看园长可能会有些不快。越是在这种时候,园长越要冷静,很多棘手的事情很可能会因为你积极的态度和有效的处理方式而化解。因此园长回信的态度和措辞都非常重要,稍不留意,就可能把小小的不满酝酿成大大的不快。

像这位担心换老师的妈妈,一开始对幼儿园的决定是不满的,用比较婉转的方式表达了出来,但是在园长诚恳、耐心的解释和切实的帮助下,她的态度发生了转变,既接受了幼儿园的安排,又加深了对幼儿园工作的理解和支持。所以,园长不要怕在信箱里看到意见信,尤其不要怕收到言辞激烈的意见信,但凡愿意表达意见的家长,都是因为对你心存信任,相信你会改进才愿意与你沟通的。园长要善于读懂这些意见信,并具备将意见领袖点化为幼儿园助手的能力。

41. 当家长对教师撒谎心存不满时

> **家长来信**

李园长:

您好!

感谢您在百忙之中收看这封邮件。我是小班的一位家长。首先,我想问您一个问题:在放暑假前园方定下来小班老师是一位男老师的,可是在家访时却换成了一位女老师——谢老师。这让很多家长感到疑惑。不知幼

儿园是如何安排的？

今天是开学的第一天，下午接小孩放学时我问保育员王老师我的小孩睡觉怎样（这是我最担心的，他在家最不爱睡午觉，这样很影响他的身体健康），王老师很肯定地说："很乖的，睡得很好。"听到这话，我还挺高兴。可是，当我碰到谢老师时，她说我的孩子吃饭很乖，就是没吃茄子；中午也没睡觉，班里有两个小孩没睡，其中就有他。我知道谢老师肯定是实事求是地说的，因为我的孩子最不爱吃茄子。王老师为什么要骗我呢？尤其作为一名资深的保育老师，她更应该知道家长需要知道什么，而不是说好听的敷衍家长。我想，每个家长来接孩子都是想知道孩子在幼儿园的真实情况，比如，吃饭怎样，睡觉怎样，这样回家后好采取相应的措施。我知道孩子没睡午觉，回家后我就不让他玩得很累了，让他早些睡。王老师的做法让很多家长都多了份不信任。

最后，我还是要对您说一声"谢谢"。从最初听您的讲座，就感觉您是一位有着高尚品格的园长。您教育老师不收取红包更是让我们对幼儿园的老师对了一份尊敬，我今天的直言不讳，希望您能理解。

临场应变

认真读了家长的来信，李园长看出自从换老师之后，该家长就一直耿耿于怀，这些情绪慢慢累积成一份不信任。所以，接到这样的来信，园长一定要把事情讲清楚，决不能支支吾吾顾左右而言其他，那样的话会给家长带来更大的疑惑，产生更多的不信任，增加家园之间沟通的难度。

深思了片刻后，李园长给家长回了一封信：

家长朋友：

您好！

您反映的情况我一定会去认真调查，妥当处理，请您放心。

后来我们之所以把男教师替换了，是因为你们班大多数家长心存疑虑，怕男教师工作粗心，对孩子照顾不周；园方考虑到小班孩子自理能力差，男教师可能真的不适应小班教学，因此在接到家长的意见后，我们把男教师换到了大班。由于我们工作的疏漏，没有向家长们公开说明更换教师的原因，请您原谅。现在在小班任职的谢老师是新老师中的佼佼者，您已经接触过谢老师，应该也会有感觉的。

如果该班教师真的一直让家长不放心，园方也一定会再次认真考虑适合的人选。但我相信不会再有这样的情况发生了。

感谢您的来信！其实我们能够进步，就是因为拥有像您这样坦诚的家长。

温馨提示

刚入园幼儿的家长，怕孩子在幼儿园冷了、摔了、饿了、哭了，总之有那么多的担心，即使是非常敬业的老师也未必能化解家长所有的担心，更何况遇上一位信口开河的保育员，这岂不让家长的担心雪上加霜吗？他会由此衍生更多的担心，会想到以后会不会有更多他看不到的事情被老师隐瞒或者掩饰过去？

这封信中提到的保育员，也许并不是故意撒谎，因为孩子是第一天入园，保育员很可能还没把孩子的名字和外貌画上等号，碰上家长一问，完全有可能把张三名字联想到李四的表现；当然，也可能是这名保育员没有记住这个孩子的表现，毕竟班里有近30个孩子，要求她第一天就记住所有孩子的表现不太现实，而她可能很在意给家长留下的印象，遇到家长这么认真地询问，自己不好意思回答不知道。当然，她没想到家长还会再去问其他老师。不负责任的回答当然比回答"不太清楚"更严重，因为它让别人对你的信任感打折。所以，在幼儿园一定要注意培训老师对"第一天"的情况的把握，因为这是影响教师与家长关系的重要契机。

针对开学第一天教师对孩子比较陌生的情况，幼儿园要训练教师在开

学前把全班孩子的姓名记熟,争取在第一天完成名字和真人的对接;第二,每位教师要准备一个小本子,用表格形式记录第一天孩子的吃喝拉撒情况,因为这是开学第一天家长必问的话题;午睡的时候将这些情况在脑子中过一遍,对表现特殊的幼儿要更关注一些。把这些都完成后,教师在家长来接孩子时就能很自如地回答家长的提问了。下班后,教师再整理一下当天的情况,给没有沟通或没有碰面的家长发一条简短的短信,介绍一下孩子的情况,家长收到这样的短信,一天的担忧会立刻烟消云散。

42. 当家长对孩子的吃饭问题心存疑问时

家长来信

孔园长:

你好!

今天想在这里问些有关食品的问题。

第一个自然是当下的热门词——三聚氰胺。幼儿园的早点每天供应牛奶,我们不知道是什么牌子的。现在,国家对液态奶的检测报告已经出来了,如果幼儿园选用的奶是属于问题奶的话,希望能及时换掉。

第二个是午餐问题。孩子吃了几天后,我们发现幼儿园红烧的菜比较多,口味偏重。现代医学认为,饮食应该清淡,应减少油炸等高温烹饪方式。我们在家做的都是蒸、煮、炖的菜,给孩子吃的菜基本没有酱油,盐也放得很少,口味很淡。孩子的味觉相当敏锐,长时间吃口味重的东西会使他们的口味越来越重,对身体也不好。

另外,对托班的孩子是不是应给予适当的额外照顾。幼儿园的饮食全园统一,但昨天吃的年糕和香肠,这两样食物对咀嚼能力的要求都很高,

第三章 家园沟通的应对技巧

不少托班的小朋友昨天都没吃好。

这些问题，希望园长能和管理膳食的部门沟通一下。另外，我觉得勺子也大了点，不知道能不能换小的？

临场应变

在收到家长信件的当天，就家长提出的问题，孔园长安排幼儿园膳食小组进行了调研。在得到调研结果后，孔园长立刻给家长写了一封回信。

家长朋友：

您好！

最近，关于牛奶的问题已成了国人关注的焦点，在您来信前我们已和厂家联系，要求出具相关权威机构的检测结果。从目前看来，我市本地的牛奶尚未检测出问题，理论上来说食用还是安全的。不过，如果家长为安全起见，自己提出暂时不让孩子喝牛奶，我们也是可以特别处理的。

关于菜谱编排和烹饪的问题，上周五我已安排幼儿园膳食小组进行了调研，现将有关调研的情况转达与你：

（1）幼儿园现有食谱的确定原则为：

- 选择营养丰富的食品，多吃时令蔬菜、水果。
- 注意粗细粮搭配、主副食搭配、荤素搭配、干稀搭配、咸淡搭配等，充分发挥各种食物营养上的特点及食物中营养素的互补作用，以提高其营养价值。
- 排菜时关注一天菜肴的咸淡搭配，当蔬菜和汤都比较清淡时，主菜可以采用红烧做法。幼儿园一周11个菜，平均3个红烧菜肴，比例不算很高。
- 在烹调时加入一定量的酱油，可增加食物的香味，使色泽更好看，从而增进孩子的食欲。因为酱油具有调味开胃、降低人体胆固醇的功效，从营养上讲，用酱油要比用盐好。

121

（2）你提出的多采用蒸、煮、炖的烹饪方式的建议很好，遇有合适的菜品我们会采用的，但有许多菜在幼儿园用大锅煮、炖并不合适，有些菜品不易焖煮，焖煮后菜品里的硝酸盐就会变成亚硝酸盐，可能引起中毒，在烹调和制作的过程中，像这类菜品一般采用高温急炒等烹调方法，以尽量减少营养素的流失，使幼儿能从定量食物中获取尽可能多的营养。幼儿园目前的菜谱，其营养素都是达到国家一级标准的，充分满足了儿童的生长需要。

（3）盐的问题。关于盐的摄取量，幼儿园一直是非常关注的，幼儿园是根据世界卫生组织规定的幼儿每日每餐盐的摄入量来精确计算出每锅菜的盐的放入克数，并转化成勺量数而进行操作的，请您放心。

（4）托班幼儿的菜谱问题。我园的大多数食物是适合两岁以上的孩子的，遇有过分坚硬或有刺的食物，幼儿园会给托班另配食谱。不过香肠的确尚未被列入另列食谱，今后我们会要求厨房切得更薄一点，但适当的咀嚼对幼儿是必要的，因为这对孩子有好处。

（5）幼儿调羹偏大的问题。幼儿园的调羹特别配有符合幼儿使用的大大小小的尺寸，幼儿在就餐时可以根据自己的使用喜好挑选。我们会提醒老师尽量给最小的孩子用最小的调羹。

不知您的问题，我是否已回答完全？感谢您的来信！我已要求膳食管理委员会的老师们向您的细致学习，只有像您这样的细致和认真，才能做好膳管会的工作。

原以为此事已告一段落，没想到几天后，孔园长又收到了该家长的一封信。信件内容如下：

孔园长：

　　您好！

　　收到您的来信很感动，您认真负责的处事态度让我对幼儿园很放心，也让我知道您是一位宽容、善于听取不同意见的园长。这几天，关于孩子的膳食，我又有一个新的困惑，希望您能为我解答。

最近，我发现孩子的食谱中经常出现咸菜、霉干菜、笋干之类的腌制食品。大家都知道此类食品对身体无益且不容易消化。我们做家长的不要求小孩在学校吃得多好，但是也非常希望幼儿园能安排一些健康、绿色的食品。在此，恳请园长在百忙之中再关心一下这个问题，谢谢！

对于该家长能够积极地反映问题，孔园长很是欣喜，这说明家长很信任这一联络通道。或许不止一位家长有这样的困惑，借此机会，能够把这个问题谈开，对幼儿园的工作开展很是有利。

在和相关的负责人员讨论后，孔园长给家长写了一封回信。

家长朋友：

您好！

感谢您的再次来信。关于您反映的问题，上午我已召集分管园长、后勤主管、保健医生及炊事人员开会，现将本学期食谱作一客观准确的梳理：

本学期总共安排霉干菜扣肉1次、干菜四季豆1次、冬瓜笋干汤5次、笋干子排2次。这些数字对于一学期20周近300道菜来说比例是非常小的。而且，在烧制时这些干菜也只是作为辅助材料，因此用量很少，主要是起调味的作用。所以，请您不必担心这些菜会对您孩子的身体健康有害。

幼儿园每个菜都运用儿童营养专业软件进行过科学的营养分析，所选的食材都是幼儿营养食品软件所列内容里的。凡儿童不宜吃的食材在选用时，程序会自动屏蔽，要求另选其他食物。

其实笋干不仅是辅菜，而且有相当的营养和药用价值。竹笋含有丰富的蛋白质、氨基酸、脂肪、糖类、钙、磷、铁、胡萝卜素、维生素B_1、维生素B_2、维生素C。每100g鲜竹笋含干物质9.79g、蛋白质3.28g、碳水化合物4.47g、纤维素0.9g、脂肪0.13g、钙22mg、磷56mg、铁0.1mg，多种维生素和胡萝卜素含量比大白菜含量高一倍多；而且，竹笋的蛋白质比较优质，人体必需的赖氨酸、色氨酸、苏氨酸、苯丙氨酸，以及在蛋白

质代谢过程中占有重要地位的谷氨酸和有维持蛋白质构型作用的胱氨酸都有一定的含量，是优良的保健蔬菜。医学家研究表明，由于笋干含有多种维生素和纤维素，具有防癌、抗癌作用。

霉干菜的营养价值也比较高，其中胡萝卜素和镁的含量尤其突出，其味甘，可开胃下气、益血生津、补虚劳；年久者泡汤饮，治声音不出。所以，请您放心，幼儿园的菜是健康和富有营养的。

上周，幼儿园同时安排了霉干菜扣肉和笋干子排，可能让您有经常出现腌制食品的感觉。您的意见很宝贵，今后我们将更加谨慎、科学地做好食谱安排工作。

欢迎您一如既往地关注幼儿园的工作！再次对您的关心致以诚挚的谢意！

随后，孔园长把该家长反映的问题以及园方的解答整理后打印张贴在家长公告栏上，以解除其他家长的困惑。

温馨提示

常常会有一些家长对菜谱特别关心，这无形中也督促了幼儿园把这块工作做好。

面对家长提出的质疑，幼儿园不能因为家长的言辞过激、提供的数据不准确就不认真对待。案例中，这所幼儿园采取了相当认真的态度，开展了专题的研讨和数据整理，给了家长详细的解释，赢得了家长的信任，让家长更放心地把孩子交给幼儿园。此外，对于家长一再地反映问题，园长要保持耐心、接纳的态度。要知道，家长反映的问题越多，幼儿园进步的空间就越大，就越能和家长进行有效积极的沟通。

家长质疑的前提往往是不放心、不了解，要化解这种质疑，最好的途径就是把问题说清楚，这样才能从根本上解决家长的各种不解和质疑。

第四章

其他突发事件的应对技巧

除了前面几章介绍的突发事件，在一个园长的职业生涯中，还会遭遇到一些其他的突发事件，这是很正常的。面对这些突发状况，作为园长是束手无策、惊慌失措还是淡定恬然、运筹帷幄，取决于园长多年工作的历练以及自身的素养。不管风云如何变化、意外如何诡谲，富有经验的园长总能够运用自己的管理秘诀，镇定自若、轻松面对。

本章介绍的突发事件虽然只是偶尔发生，但是大多数幼儿园园长都可能会面临这样的意外，需要处理这类事件的智慧。

幼儿园园长临场应变技巧50例

43. 当有人想冒领孩子时

> 情景再现

幼儿园放学已近尾声，孩子们也走得差不多了，后勤部的周老师急匆匆地走进园长办公室："莫园长，门口刷卡机读出一张废卡，门卫没让进，家长正在门口吵呢。"

"是我们园的卡吗？"莫园长问。

周老师也不是很确定："那卡的样子和我们园的卡一模一样。是不是我们的读卡机出了问题？现在要不要放家长进来？"

"孩子是哪个班的，哪位老师教的？问了吗？"

"来的是位老人，说是今天才从老家来，对孩子的这些情况都不清楚，但是他说进去能找到孩子。"

"我跟你下去看看。"莫园长拉上周老师来到园门口。

两位保安正在劝说那位老人。老人听说园长下来了，神色略微有点紧张，但马上开始向园长诉苦："我的卡早晨还是好的，现在你们的机器却说是废卡。我的儿子和儿媳妇叫我来接孩子，孩子接不回去他们要骂我的。"一边说一边做出抹眼泪的样子。

> 临场应变

若真像老人所说早晨时卡还是好的，那么下午应该不会出现机器读出废卡的情况，只有幼儿园自动设定一些遗失的卡为废卡后，门口的刷卡机才能读出废卡。莫园长觉得此事有些蹊跷，于是请老人先坐在保安室里休

第四章　其他突发事件的应对技巧

息一下。

"老人家，您先别急，您的卡确定早上刷过吗？"莫园长一边问一边在刷卡机上刷了一下，机器仍然显示：此卡为废卡。"您把孩子的姓名告诉我，我们在机器上查一下就知道是在哪个班、由哪位老师教的了。"

老人含含糊糊地说只知道小名，不知道学名。

莫园长怎么启发也无法让老人想起孩子的姓名，于是只好请他给他的儿子打电话。老人说记不得电话号码，然后迟疑了老半天说，不接孩子了，自己先回去算了。

今天这事有些不寻常，莫不是遇到人贩子了？想到这，莫园长硬是把老人留了下来："老人家，您刚来到这里，对路况不熟，容易走丢，我们打电话叫您的儿子来接您，您就坐在这儿等。"同时，莫园长给小区派出所打了电话。

过了一会儿，小区派出所来人了。老人只好给儿子和儿媳妇打了电话，过了一阵，一男一女坐着电动车过来了。他们见到园长和派出所的工作人员马上说："对不起，对不起，我们家老人不认识路，找错幼儿园了，我们的孩子不是在你们这儿的。"说完拉着老人就要走。

莫园长知道附近几所幼儿园的建筑风格各异，非常容易区别，应该没有走错幼儿园的可能性，于是问道："不好意思啊，我问一下，你们孩子上的是哪所幼儿园？"孩子爸爸急急地回答："××路幼儿园。"莫园长拿出电话："现在时间也晚了，我帮你们联系一下吧，告知他的老师，你们今天可能会晚一会儿接孩子。麻烦你告诉我孩子的姓名和班级？"

小夫妻一边说不用麻烦老师了，一边拉上那位老人，欲夺路而走。这时，小区派出所的同志拦住了他们，请他们一定说出孩子的姓名。

经查证，这个××路幼儿园根本没有他们说的这个孩子，最后这三人被请到了派出所。

后来据派出所说，这三人准备去一些小区幼儿园冒领孩子，刚出手就被莫园长他们逮个正着。

**温馨提示**

　　幼儿园里有保安，也有各种安全意外预防制度。很多人认为，不安全的因素离我们的生活很远，这种对安全的漠视使得很多幼儿园对安全的认识往往只停留在文本上。所以，在执行制度时常常会有意外发生。比如，许多幼儿园在多年前就实行刷卡入园，但是遇到不带卡的家长，为了让其满意，教师或保安就放其进去了。这种做法使幼儿园日常的安全防范形同虚设。

　　事实上，所谓安全保障，就在于让制度从纸上落实到实际行动中，唯一有效的办法就是刚性执行，没有例外。刚性制度如果执行乏力，就会失去其应有的作用，成为"摆设"。古人说，"天下事，不难于立法，而难于法之必行"。只有刚性执行，才能为幼儿园的安全筑起一道坚实的防火墙。

　　有些幼儿园出现孩子被冒领、孩子走失事件，虽然看似十分偶然，却是管理松懈造成的，因为你有安全管理的漏洞，别人才有机会从漏洞处下手。要确保没有万一，我们就必须对每一个"一"做"一万"的努力，只有这样才能有效预防意外发生。

44. 当在园幼儿突然生病死亡时

情景再现

　　这天下班刚离开幼儿园，王园长就被转弯处等着的一位家长拦住了，定睛一看，原来是上半年刚失去了孩子的霄霄妈。看上去，霄霄妈情绪比半年前好多了，眼睛也有神了。"王园长，我能和你聊聊吗？"王园长看到

第四章 其他突发事件的应对技巧

霄霄妈如今的状态也很高兴,连忙说:"可以啊,可以啊。"她们俩一起走到路旁的行道椅边坐了下来。

霄霄妈从包里小心地拿出一个本子,本子的封面已经没了,看起来像是成人废弃不用的,霄霄妈递过本子说:"这是前几天我整理霄霄的东西发现的,这个本子是霄霄住院时想写写画画,我们随手给他的。"王园长接过本子,轻轻地翻开,几个歪歪扭扭的字跳入眼帘:"我想念王老师!"再翻一页,又是:"我想王老师!"王园长不敢再翻下去,怕自己在大马路上就热泪盈眶。

霄霄妈认真地说道:"我来就是为了给你送这个本子,你以前那么关心霄霄,每天到医院陪霄霄,我们全家都知道霄霄喜欢你,可是我们不知道他要本子竟是为了写这个。今天来还要特别感谢你对我的帮助。"霄霄妈伸出双手握住了王园长的手:"那一阵子我特别不想见人,但是我愿意见到你,你宽慰我的话是最有用的。我现在能够从那个情绪里走出来,多亏你的帮助。"

霄霄是王园长当小班班主任时带的孩子,和王园长有很深的感情。9个月前霄霄突然患病住院,经查是脑部肿瘤,并且肿瘤的增长速度一天比一天快,医生诊断已经无法开刀。在霄霄住院的3个月里,王园长差不多天天去医院,因为霄霄非常想见到王园长。王园长还清晰地记得最后一次见到霄霄是在抢救室里,她就那样眼睁睁地看着孩子在自己的面前永远地闭上了眼睛。那一阵子霄霄妈几乎已经完全脱离正常的生活,不梳洗、不吃饭、不说话、不见人,每天就看着霄霄的照片。

同样悲伤的王园长要去安慰霄霄妈,却被家属们阻止了,他们担心霄霄妈看到王园长更容易想起霄霄。但是看到霄霄妈的憔悴样子,王园长坚持要去,最终家属们也没拗过王园长。

临场应变

王园长坐在霄霄妈对面，没有像别人那样劝她节哀、说些保重身体之类的话，而是回忆一些霄霄在幼儿园的事情。很多人在劝亲人或朋友时最容易说的话是"别忍着，想哭就哭吧"，或者是"自己身体要紧，千万不要过度伤心"。其实，很多时候这两句话对真正沉浸在自己悲伤情绪里的人是不起作用的。他们最需要的是有个适合自己的方式把内心沉重的情绪一点点释放出来直至能够直面自己的悲伤。起初，霄霄妈听了哭得愈发伤心，慢慢地却平静下来，转过身来面向王园长，偶尔还插一两句话。从这天起，好长一段时间里，王园长每天都去和霄霄妈聊天，霄霄妈的脸色渐渐好起来。有一次，霄霄妈又纠结于霄霄来到人世才6年就这么走了，王园长想与其每天都要为这个话题与她讨论一番，不如找一个诗意而美好的解释让她释怀，于是王园长认真地想了想，安慰她说："霄霄或许是上天派来陪伴你6年的天使，她有自己的使命，完成了就走了。"没想到，这句话竟解开了霄霄妈的心结，她一下子就释然了，对王园长说："对啊，霄霄是多么聪明的孩子，他肯定是像你说的那样，不然他不会那么匆匆就走了。"人类所有的痛苦其实都是源于自己的内心，只要过了内心这一关，任何痛苦都是可以过去的。一周后，霄霄妈重新租了一所房子，说是换个环境、换个活法。

看上去，这半年多霄霄妈心情恢复得不错。王园长正沉浸在自己的回忆中，霄霄妈又握紧了王园长的手："王园长，我只信任你，我下次有了孩子，还要把他送到你这儿，你要收哦！"王园长连连点头，为这位走出哀伤的母亲感到由衷的高兴。

第四章 其他突发事件的应对技巧

> **温馨提示**

　　幼教这个职业看似只与蓝天、白云和彩虹相关，远离生离死别，但是偶尔也会遇上幼儿生病死亡的情况。当在园的幼儿生病死亡时，无论对于幼儿家长还是对于幼儿园老师来说，都是痛彻心扉的。除了尽自己最大的努力在孩子生前给予其关怀外，在孩子去世后，幼儿园也有责任帮助家长平复悲伤的情绪。

　　让家长放心地把孩子交给我们，这是幼儿园的基本职责。此外，尽自己所能帮家长排忧解难也应是幼儿园的责任之一。不要以为家长的事与幼儿园无关，就不关心家长的情绪。案例中，王园长以自己的能力开解了霄霄妈，使霄霄妈走出了心理阴影重新开始新的生活，是霄霄家的幸事，也是幼儿园的幸事。人世间最温暖的力量叫关爱。赠人玫瑰，手有余香。爱心能帮助别人渡过难关，也会使自己的生活更加美好，因为帮助别人的同时自己的情感也会得到升华。播撒爱的过程就好比种庄稼，终有一天你会收获爱的果实。

　　此外，幼儿教师本身的敬业精神和对孩子的关爱之情也是非常关键的。因为孩子正是通过教师来了解整个世界，用教师的爱诠释这个世界。当教师对孩子付出关爱时，孩子也会牢牢地把老师记在心间。

45. 当厕所里出现诋毁自己的小字报时

> **情景再现**

　　中午午休时分，忙碌了一个上午的毛园长正准备休息一会儿，保洁阿

姨神色仓惶地跑了进来，一见毛园长就说："不好了，不好了！"这阿姨平时挺内向，不言不语地，毛园长还从未见其如此慌张过。"不要急，慢慢说。"毛园长边说边请她坐下来。保洁阿姨递过来一张A4纸："园长，你快看，我刚才搞卫生时在厕所里发现的。"毛园长接过一看，标题用醒目的字体写着："让我们一起推翻毛园长！"毛园长非常惊讶，她迅速浏览了一遍这封没有署名的"挑战书"，满篇都是战斗句式，既看不到诉求，也没有对自己具体"劣迹"的揭露，通篇充满了低级的形容词以及空洞的比喻，只有一个中心思想——推翻作为园长的自己。

毛园长看完，忍不住笑了。保洁阿姨更急了："园长，你怎么了？我看了都气死了，你怎么不生气啊？"

临场应变

毛园长抬头认真地看了一眼保洁阿姨："那你觉得上面写的是真的吗？"保洁阿姨的头摇得像拨浪鼓似的："你对大家这么好，我们才不信这乱七八糟的话呢！""那不就结了，没事了，你去忙吧。"保洁阿姨迟疑地离开了。

毛园长仔细阅读这封匿名信，越读越有一种熟悉的感觉。其实，这件事迟早要发生，这个从毛园长的同学开始任自己的上司那天毛园长就知道了，不过倒是没想到会以这种方式来。在十几年前刚推出竞争上岗制时，毛园长与那个同学竞争同一个岗位，毛园长以绝对优势胜出。原本是一场再正常不过的竞争，但事后毛园长不止一次听到这位同学的不满以及对自己的诽谤，不过既然不在一起工作了，毛园长也就不当一回事了。没想到十几年后，这位同学辗转成了自己的上司。毛园长的工作在她的同学来之后开展得颇为吃力。可是每一次上级部门调研，群众对毛园长的反映都非常好，她的同学也就不能借题发挥了。

想起这些，毛园长不禁觉得手里的这张纸沉重了。虽说是满纸空话、一片谎言，但若是有人存心造成幼儿园管理混乱的局面，那也是可能的。毛园长觉得必须主动出击，只有让陷害者失去用力的支点，才能阻止其不当行为。

想到这，毛园长拿起匿名信径直来到同学的办公室，向她反映中午发现的情况，请她出面调查。毛园长清楚地看到同学慌乱的眼神。同学以对匿名信不予理睬、作为管理者心胸要豁达一点为由，请毛园长对此事不必介怀。

毛园长清楚地知道，只有把这事放在阳光下，将来幼儿园才不会再被人利用造成混乱，所以坚持说："虽然谣言止于智者，但为了对组织负责，我还是请求组织出面调查，给群众一个交代。"办公室里的其他领导觉得毛园长说得有道理，也敦促毛园长的同学对此事加以调查。

调查开始了，全园的职工都参与了谈话，结果这次调查非但没有调查出毛园长的任何问题，反倒是再一次树立了毛园长的威信。过了大半年，毛园长的同学因为经济问题被降职调走了。

温馨提示

身在职场，有些事是不可避免的，因为让每一个人都满意和接受你是不现实的。即使你可以很努力地做到让每位同事满意、让上司满意，但你很难做到让对手满意。目前的竞争者或之前的竞争者始终是在你周围存在着的，而心思龌龊的对手完全可能使出各种卑劣的招数，让你防不胜防。

不倒下的法则首先就是：其身自正。所谓身正不怕影歪，只要自己心底无私、行事正派、处事公允，又何惧小人惦记？毛园长被自己的同学造谣诬陷，虽然看似身处劣势，有损名声，但毛园长一直光明磊落、爱园如家，无论对手如何折腾，她都岿然不动，经得起各种调查，倒让诬陷者灰溜溜地离去。

职场有句话是"宁可得罪君子，不可得罪小人"，说的就是要提防小

人陷害，若要心无旁骛地干工作，一定要尽可能减少周围小人出没的几率，不然工作会不断受到骚扰和影响。防小人的方法，最管用的就是把一切置于阳光下，让污秽无处藏身。毛园长直接向陷害者提出"求助"就是最聪明的一招，虽险却十分有效，它让陷害者失去用力的支点，无法继续加害。

在管理岗位上要做到无往不胜还有一个绝招，那就是爱护员工，对员工真诚友爱。毛园长在如此恶劣的形势下能屹立不倒，并一如既往地完成工作，源于多年来一直关爱员工，真诚地帮助员工。但凡自己有能力可以帮到同事的，不管私事公事，她都倾尽全力相助不求任何回报，因此不管小人如何造谣，员工心底里的那杆秤自会称量。

46. 当有人提出违反规则的要求时

情景再现

上级工会派人来到幼儿园，批评幼儿园没有全心全意安排好教职工的孩子，郑园长听到后觉得很冤枉。

事情是这样的，三年前幼教系统内的一位教工拿着部门开具的证明，要求给孩子办理入园手续。孩子未到入园年龄，因此郑园长最初没有同意接收。但是后来这位教工拿了好几份情况说明来找郑园长，证明自己的工作实在忙到无法分心照顾孩子，因此请求予以特殊照顾。期间，上级领导也打了好几个电话给幼儿园，要求幼儿园特事特办。面对这样的阵势，郑园长只有破例提前把孩子收进来。

现在三年时间过去了，孩子大班毕业了，却面临着年龄太小进不了小学的困境。这位教工又希望把孩子继续留在幼儿园一年。可遗憾的是，幼儿园这一年的大班已经满额，再招就超过教育部门的规定了，而且孩子进来后也没有睡觉的床位和上课的座位了。这期间，幼儿园也帮助家长联系了一些学前教育机构，只是因为收费及地理位置等各种原因最后没有达成家长的愿望。

结果，这位家长不管三七二十一就把幼儿园告到了工会，既投诉幼儿园不安排、照顾孩子，又投诉工会不作为，不为职工谋福利、解忧愁。

郑园长觉得这次有必要和家长、工会领导面对面地好好交流一下。这一天，工会副主席带着这位孩子的家长来到了郑园长的办公室里。

临场应变

在他们到来之前，郑园长也反思了自己的工作方式：为什么好心没有得到好报呢？问题就在于，之前自己不够坚定，为了顾及他人的情绪，打破规则招收孩子入园，现在就是在品尝破坏规则的恶果。如若让孩子违规留在大班，对其他孩子是很不公平的。自己不能一错再错。这次，必须依据规则办事。

下定了决心，郑园长一开口首先就向家长表明了幼儿园的态度："幼儿园就是应该为家长服务的，为自己的教工服务更是职责所在。所以你提出的幼儿园为家长服好务的观点一点儿也没错。"紧接着，话锋一转，"不过，就此事而言，真的令幼儿园很为难。按规定，你的孩子今年7月就应该如期毕业的。我们下一届大班班额已满，这是众所周知的，无法满足你想让孩子续读一年的要求不是我们不作为，而是因为三年前你提出的早读申请导致的。当时，我们基于支持你工作的出发点破了例，却没想到你的孩子因为早读影响了正常毕业，这一点希望你能够体谅和理解。"

家长显然不太好意思面对园长：自己破例申请在前，幼儿园体恤其困难才勉为其难接收孩子，现在遇到的难题应在自己的预计之中，而不应该责怪幼儿园。工会副主席这时也明白了事情的原委，知道错怪了幼儿园。

郑园长了解家长的难处，提出利用自己对幼儿园系统的信息比较了解的优势，帮家长打听一下还有哪里的幼儿园能够接收大班幼儿且符合家长在费用和地理位置方面的要求。

家长表示了感谢和理解，不好意思地走了。

温馨提示

事情虽然也算得到圆满解决，但是留给郑园长的思考却不少：人们常说"好心没好报"，此话表面意思是付出了好心却没有得到期待的回报，但是沉下心来细想，好心为什么没有好报？原因在哪？

首先，我们要解析一下"好心"。所谓"好心"往往是忽略了原则或突破了规则的产物，因为它使一些人获得了规则之外的好处便被人称赞为"好心"。而规则是要求大家共同遵守的制度或章程。规则的形式多种多样，但规则的宗旨是不变的，那就是使我们生活的社会更讲秩序。之所以存在各种规则，其初衷就是为了使不同需求、不同背景的人们在做同一件事情时有共同的准则，便于执行者公平、公正地裁量和执行。若每一个人都遵守规则，那世上诸事必定既简单又干脆，遗憾的是在我们生活的空间里，有太多的人希望自己突破规则。

若是规则以外的人都以各种理由要求获得优先权，那原来规则之内的人的要求还没有得到满足该怎么办？若是每一个有点特殊话语权的人都来违反规则，那规则岂不成了仅对没有特权的人的约束？案例中的郑园长若是之前就按规则办事，三年后根本不会遭遇现如今尴尬的情形。

规则最重要和最本质的一点是，要得到社会每一个公民的承认和遵守。唯有如此，规则才能发挥其应有的作用。

第四章 其他突发事件的应对技巧

47. 当接到上级部门的整改单时

情景再现

开学一个月了，新生也基本适应幼儿园的生活了，教学开始走上正常轨道，毛园长却接到了一张上级质监部门开的整改单，内容是：幼儿园没有很好地履行为教职工服务的义务，致使教职工不能安心上班，请幼儿园立即整改，全心全意为教职工服务。

这张整改单来得突然，之前没有任何家长提过希望改变幼儿园上学、放学时间的要求，而且幼儿园的作息时间一向是早上比别的单位早个半小时，晚上比别的单位晚2个小时，直至孩子全部被接完。因此，毛园长一头雾水，完全找不到方向。她心想，不如直接打电话询问上级部门，哪怕让他们误会幼儿园不虚心、不自知，总比糊里糊涂强。

于是，毛园长拨通了上级质监部门的电话。

临场应变

"你好，我是××幼儿园的园长。我们今天接到你们下发的整改单，我们也希望能把工作做得更好，但是能不能把家长反映的具体情况跟我们说一下，以便于我们改正？"毛园长尽量把口气放得又轻又缓，免得被上级部门误会幼儿园接受整改态度不虚心。

接电话的人也感受到了毛园长的虚心态度，所以很耐心地把家长反映的情况说了一遍，大致意思是该家长所在的单位下午5点下班，而幼儿园让4点半接孩子，影响了家长的正常工作。因此，希望幼儿园能够和家长

137

的工作时间同步，允许家长5点再接孩子。这个要求就有点奇怪了，按照幼儿园的一贯操作，从下午4点半一直到晚上6点，这个时间段内，家长可以随时接孩子，根本不存在与单位下班时间不一致的问题。于是，毛园长详细地解释了幼儿园的作息时间。这下轮到质监部门不明白了，他们说再去详细了解一下家长的想法，看是不是有什么误会。

过了一会儿，质监部门的同志来到了幼儿园，说是来取回整改单。他们了解到的情况是，该家长希望幼儿园5点开始再允许家长接孩子，这样，他的孩子就不会因为别的孩子走得早而生气了。这样的要求，质监部门当然也觉得不合理，他们已经做通了家长的思想工作。

温馨提示

上级所做的决定并非都是正确的，有些可能缺乏调查，有些可能是他们头脑一热决定的，因此，作为管理者的园长不宜盲目地执行上级的所有指示。但是对于上级部门的一些不正确的指示，不能简单冲撞，这样不仅不能改变错误的决定，还会给上级领导留下很恶劣的印象，对将来开展工作不利。毛园长就是通过虚心求教的方式促成上级部门对已做决定的重新调查和调整，这样很好地避免了与上级部门的直接冲突。

虽说刚性地执行上级部门的指示是现代管理的重要特点，但是正当的质疑更是团队的一种健康品质。若任何决定都不被质疑或不允许被质疑，则这种工作环境是非常值得质疑的。但是质疑也要讲究方式，在与人为善、与事无害的基础上，以友好的语气提出疑虑，比咄咄逼人、一争高下的据理力争要高明和有效得多。因为人的天性是不太容易接受那些否定自己的意见的，若这种意见还以强硬的面目出现，就更会让人觉得伤了颜面和自尊，以致更加固执己见。因此，如果你想改变错误的决定，就绝不应该用挑战的口气去要求别人修改决定。

此外，正确地认知和掌控自己的客户群也非常重要。从幼儿园角度来讲,家长也是一个被服务的客户群。家长会有很多不同的需求,有些需求是幼儿园必须满足的,有些需求是幼儿园通过努力要争取去满足的,但也有的需求的确是家长站在自己的利益角度提出的不合理诉求,比如本例中的家长,他只是因为自己的孩子不能忍受比别的小朋友走得晚,就提出要幼儿园规定从5点开始允许家长接孩子。这个要求如此无理和自私,试想他若6点下班,难道所有的家长陪他一起6点才可以接孩子吗?像这样完全不合理的诉求幼儿园可以不予理睬,但不代表可以不理睬这样的家长,对于这样的家长,幼儿园更要做好沟通工作,使其意识到自己诉求的不现实性和不合理性。

再有,作为园长,也要具备敏锐的洞察力。案例中,这位家长其实是遇到了一个令他十分困扰的问题,那就是他的孩子尚不能很好地适应幼儿园生活,因为分离焦虑使得孩子无法忍受看到别的孩子比自己早离开幼儿园,因此,幼儿园在开学初的工作重点就是尽快解决每一个孩子的入园适应问题,只要这个问题解决了,家长在这一点上的诉求也就不存在了。

48. 当幼儿园的施工方违规建设时

情景再现

陈园长所在的幼儿园要异地重建了。虽然幼儿园建造的出资方和监管方都不是幼儿园,但上级部门还是希望陈园长能多去看看,尽可能使新园舍符合幼儿园的使用需要。

陈园长接受任务后,每天都去工地看一看。工地上的施工方即所谓的乙方根本正眼都没瞧陈园长一眼,因为跟他们签合同的甲方并不是幼儿

园。陈园长指出地砖太滑了，不适合孩子，施工方连眼皮也没抬："有本事叫甲方来说。"陈园长说栏杆上不能加档，否则孩子站上去会很危险，施工方白她一眼："你去叫设计师来。"

这一天陈园长又来到工地，只见地上堆了一大堆用完的水泥口袋，口袋上全部写着"含苯"字样，还印有骷髅标记。她当即便质问施工方："这些材料是不是有毒啊？投标时不是都宣称用环保材料吗？"施工方仍然一副爱理不理的样子。

临场应变

施工方是真的选用了环保材料，还是以次充好？这是与孩子的安全和健康休戚相关的事。陈园长觉得绝不能坐视不管。

她用相机把工地上所用的材料袋都拍了下来，又捡了一个口袋作为物证。回到办公室，陈园长根据最近看到的所有情况写了一份报告，并附上照片及材料包装袋，一起呈交给上级部门。很快上级有了批复，要求甲乙双方与陈园长召开一次专题协调会，以解决目前幼儿园建设中存在的问题。

协调会上，陈园长一一出示证据，要求乙方做出合理解释，并保证给孩子们提供一个安全环保的新园舍。这回乙方再也不像之前那样神气活现了，不仅一一向陈园长解释，还表示今后一定认真听取陈园长的意见。对工地上出现的含苯材料袋他们已经做过调查，说是装黄沙用的口袋，并不是使用了含苯材料，对于陈园长对他们工作的监督和帮助，他们表示了感谢。

虽然乙方做出了解释，但陈园长知道，这并不代表乙方今后的工作就真的叫人放心了，他们只不过是改变了之前不与陈园长合作的态度。要想保质保量，还必须有一些书面保证才可以。于是，陈园长将这一段时间对工地建设的观察以及幼儿园的要求在会上和盘托出，甲方和上级部门都觉

第四章 其他突发事件的应对技巧

得挺有道理，于是当场动议将这些要求书面确定下来。

这一场协调会下来，教育系统内部开始盛传陈园长一人"舌战群儒"的故事了。

温馨提示

"坚持是成功的一大因素。只要在门上敲得够久、够大声，终会把人唤醒的。"坚持是人的一种"心理忍耐力"，是一个人完成学习、工作、事业的"持久力"，当它与人的期望、目标结合起来后，会发挥巨大的作用。陈园长接受上级任务去工地督查，虽然屡遭挫折，但是为了孩子们的健康，她始终坚持自己正确的主张，坚持正义的诉求，最终成功解决了这件事。

坚持固然重要，但是若没有学会寻求和借助外在力量，则坚持也会很无力。"借"是一种策略，更是一种智慧。当自身条件不足时，不妨借用别人的力量，以最低的成本做成最大的生意，使自己的愿望变为现实。本例中，陈园长光靠自己的坚持不能从根本上改变什么，但是她的一纸报告牵动了上级各个相关部门，由他们使用自己的权限去辖制"乙方"，事半功倍，陈园长的诉求得以实现。

此外，口才对园长来说也很重要。园长除了要有管理幼儿园的能力，还必须具备超强的口语表达能力。陈园长之所以能够在协调会上"舌战群儒"，与她超强的口才关系很大。园长的工作是与人沟通的工作，没有良好的口语表达能力很难胜任这个岗位。有些园长每回发言都要助理写好稿子才能上台，这就很成问题。这样的园长平时应该注重对自己口语表达能力的训练，虽不必出口成章，但至少要达到词能达意、可说服别人的程度。

49. 当受伤员工家属来园闹事时

情景再现

莫园长从教育局开完会回来，刚跨进幼儿园大门，就听见门卫报告："邓阿姨的家人在和后勤园长吵架。"邓阿姨是幼儿园的保育员，前一阵子下班回家路过菜场买菜摔了一跤，把手臂摔断了。其家属来申请工伤，幼儿园第一时间帮助其办好了一系列手续，还垫付了医药费。办好手续的第三天，邓阿姨的家属来到幼儿园要求付给保姆费，根据有关规定，幼儿园园务会议也批准了申请，给付3个月的保姆费。但是保姆费发放后的第二天，其家属又来了，说："昨天的协议不算，今天算算钱应该再多给一些。"幼儿园自然不会接受这种无理的要求。事情已经过去十来天了，今天难道又是旧事重提吗？

想到这，莫园长加快脚步走上楼，才到走廊就听见一阵吵嚷声，引得几个孩子偷偷从教室的门里探出头观看。莫园长三步并作两步走到后勤园长的办公室，见有三男两女正围着后勤园长骂骂咧咧、指指点点。

临场应变

瞅着这些人的架势就不是来谈事情的，莫园长当下心里有数了。若是真想来谈判，只需要邓阿姨的丈夫来就可以解决问题，完全不必要来这么多人，今天男男女女来了一堆人，目的无非一个：吓唬幼儿园的女老师。莫园长知道来者不善，心里已做好事态进一步发展的准备。

莫园长走上前去说："是邓阿姨的家属吗？今天来是找我谈什么事吗？"

屋里的人同时把目光转过来，邓阿姨的丈夫看见莫园长还不自觉地笑了一下，正要张口，却被旁边大嗓门的女人拉住了。那女人一步冲到莫园长面前："你就是园长吧？你这个园长还当得下去？你的员工躺在家里都快要饿得讨饭了，你给3个月保姆费就行了？你打发'叫花子'啊？告诉你，今天我们来就是跟你要钱的，你要不给钱，我看你今天也不要想离开这里，你这园长怕也当到头了！"她边说边把莫园长推到了园长办公室门口。

果然，他们根本就不是来谈事的，也许今天的事态发展会超出自己的想象。于是，莫园长走进自己的办公室悄悄按动了办公桌边的警铃。这个警铃是为了防暴而安装的，直接连通辖区派出所。这三男二女一股脑儿地跟进园长办公室，围着莫园长叫骂起来，其中两个人还猛拍莫园长的桌子，把桌上的花瓶震到了地上，玻璃碎了一地。隔壁办公室的老师们听到动静冲了过来，看到这场景都指责他们太不文明。哪知道这几个人一见来的都是文文弱弱的女老师，反而叫骂得更起劲了，还故意高高地举起桌上的电脑显示屏恶狠狠地砸下，一边砸一边说："我砸东西算什么，我还要砸你的人，我让你一家老小过不好年！"正在他们叫嚣时，辖区派出所的警察到了，看到这情形当下就把这几个人带去了派出所。

随后，派出所做了笔录，处理了这几个人，并叫他们赔偿了摔坏的东西。等这些事处理完毕，莫园长和后勤园长以及上级部门的同志一起来到邓阿姨家，跟他们解释工伤赔偿的有关政策以及幼儿园可以提供的帮助，冷静下来的家属也不那么嚣张了。莫园长说："凡事要依法而行，不管是你还是幼儿园都一样。幸亏这次警察来得早，不然你们错误犯大了，是要有大麻烦的。我希望你们以后有什么要求和想法都要用合情、合理、合法的方式来沟通。"莫园长虽然微笑着，但语气很严肃，邓阿姨和她丈夫一个劲儿地点头称是。

温馨提示

　　幼儿园要有应对暴徒的预案。坏人不是脸上刻着"坏"字的人，坏事也不一定是坏人干的，很多坏事甚至犯罪行为都是一念之差在冲动之下造成的。因此，对于任何可能发生的意外，幼儿园都需要提前有防范的意识，因为不能预计的意外因素极可能对幼儿园、对幼儿造成不可估量的伤害。像本例中若没有莫园长提前报警采取紧急措施，这些家属很可能有更过激的举动，或伤害教师或伤害孩子，这些都是不应该在幼儿园发生的。因此像这类事件，像与这样的家属谈判都不应该把场所定在幼儿园，必须找一个远离幼儿园的公共场所进行沟通。若觉得家属情绪激动可能会有过激行为，还应该事先和保卫部门联系备案。

　　此外，幼儿园还要把关心员工当做大事来抓。员工无论在园还是在家受伤，幼儿园都应该及时送上关怀，帮助员工渡过难关。当然，组织的关怀未必能安抚好每一位员工，有些人为了得到更多的经济补偿会使用各种不法手段，或威胁恐吓，或捏造伤情，诸如此类，可能防不胜防，这就要求幼儿园领导要学会用法律武器保护自己，在关心员工的前提下依法办事，用满足不合理的要求来暂时平息事端是最不明智的做法。

50. 当轻率的求职者来应聘时

情景再现

　　幼儿园最近招聘新教师，陈园长的办公室里经常会有幼儿师范学校的毕业生上门应聘。这一天，陈园长正在和一位应聘者交流，门就被一位不速之客突然推开了。陈园长转过头,看见一个年轻的姑娘拿着一本简历走了进来:"这位同学,你也是来应聘的吗?请在门外休息一会儿,我们这里还没结束。"年轻姑娘愣了一下,说:"哦,你能不能快一点儿?我赶时间。"

这样的面试者,陈园长还从来没遇到过。待年轻姑娘出去,陈园长继续和应聘者交谈。不一会儿,门又被推开了。刚才那个姑娘又走了进来,这回她径直走到陈园长跟前:"园长,你能不能快点儿?我等会儿有事情的,你先跟我谈行不行?"她边说边抬起手看表:"我这边谈好马上要去办事情的。"

临场应变

"这个姑娘不光脾气急,显然也不太懂得尊重别人。两次打断别人的谈话,表明她眼中只有自己的事,对别人毫不尊重,很难相信这样的人会把孩子的事放在心上,把孩子交给这样的老师会让人很不放心。"

虽然不是很看好这个姑娘,陈园长还是决定再好好了解一下。于是,她对姑娘说:"我这边还没和别人谈完,你可以坐在沙发上旁听一会儿,好不好?"那姑娘勉为其难地坐了下来,一脸的不耐烦。这边陈园长加快了谈话节奏,很快把一些细节确定了下来。之后,陈园长招呼姑娘过去。"你是来应聘我们这儿的教师职位?""对。"陈园长接过她的简历看了一下,姑娘姓王,已经毕业一年了。

"小王,是你自己想来应聘,还是父母叫你来的?"

那姑娘不屑地回答:"当然是我自己,他们不管我的。"

"那么为什么选择今天来应聘呢?看上去你好像有很多事。"

姑娘又抬起手看了一下表:"是啊,我今天很忙。不过,今天办事正好要路过你们幼儿园,所以我就过来了。我现在有点来不及了,你问快一点啊!"

陈园长不急不躁地回答她:"我没有问题要问你,现在就可以结束了。"

姑娘好像还不太明白:"园长,你是录取我了,还是不要我呀?"

陈园长显然没打算让她进入第二轮面试,但还是想点醒一下这位应聘者:"小王同学,如果你去一家单位应聘,首先要记得让别人看到你的诚意。诚意会帮助你成功。现在你可以去办自己的事了。"

温馨提示

除政府公办幼儿园外,其他大部分幼儿园的教师都是合同制的,加上目前教师流动频繁,园长们现在的一项日常工作就是招聘老师。虽说幼儿园有招聘工作组,但是第一时间面对面考察应聘者还是园长很重要的工作之一。因为在面对面交流中可以发现应聘者一些潜在的优点,同样也便于发现一些不适合教师职业特质的行为和习惯。通过这样的甄别,可以帮幼儿园找到真正合适的老师。

虽然不能因为应聘者面试时一时的疏忽或表现不佳就剥夺他们成为幼儿老师的机会,但是有一些人明显不适合当教师,还是谨慎地不选择他们为好。比如,有的人天生木讷不善言谈,有些人天生嗓子嘶哑,他们成为教师后会因为自己的先天条件阻碍职业发展而感到焦虑和失望,这种情绪既影响个人发展,又影响工作开展,因此选择合适的人从事合适的职业是对应聘者和用人单位双方负责的正确态度。

此外,对于应聘者来说,求职过程是一个自我展示的过程,更是一个"暴露"自我缺陷的过程。精心修饰过的语言或举止或许可以掩盖自己的一些缺点,但是现场交流会不自觉地透露出很多真实的信息,这其实就是面试的价值。小王同学的求职失败在于三点:第一,不应该选择自己有事情要处理的时段去应聘;第二,不应该把求职看成同一时段不重要的事情来处理;第三,在招聘者面前流露出不耐烦,多次向对方传递出自己态度不真诚、不重视的信息。

后　记

记得中学的时候看一本有关辩证法的书，一如读一本休闲书，并不预期它能给自己带来怎样深刻的变化。很多年以后，我开始走上管理岗位，当一件棘手的事情摆在面前，自己竟然没有想象中的慌乱，懂得不去期待一件十全十美、皆大欢喜的事，知道所有的事物都可能是一个问题，人之所以这样选择不那样选择是基于对利弊正反的分析，所有的好坏、黑白都相辅相成。当一切那么自然而然地从书本来到大脑，我也就有了看待世界的眼光和解决问题的方法。

园长的岗位处在管理与实践的交界，它要求不断地寻求真知、创造实践，这样的岗位其实是一个容易产生成就感的地方，但也是容易迷失自我的地方。要使自己屹立在这个岗位上成为无可替代的人，要使自己始终对得起这个岗位赋予的职责，必须时刻用新知识武装自己，并且勇于实践。这种实践往往是独创性的、带有风险的、需要负责任的，面对这样的难题，很多人会退缩，寻求一种更保险的方式，那就是因循守旧，却不知因循守旧是对事业最大的伤害。

民间流传一句话：广闻、觉悟、活用是智慧三宝。很久以来，我都有把这个岗位上经历和学习到的一切分享给同行的意愿，把自己所闻、所悟、所用与同行共享，但是一直不确定会以一种怎样的形式来实现。在2012年的早春，在潇潇的春雨中我结识了素昧平生的万千教育编辑部的编辑高君老师，她的提议和信任让我终于下决心把这一切付诸文字，借助文字与大家交流和分享。

孙武在《孙子兵法》中提出："人情之理，不可不察。"其意是：关于

人的事情，应该进行研究，不研究是不合适的。园长的工作就是研究人的工作，研究人与人的协调，目的在于创造一种良好的激励环境，使大家能够持久地在受激励的状态下工作，保持饱满的情绪、高涨的兴致、十足的干劲、舒畅的心情，主观能动性得到充分的发挥。

幼儿园园长既要面对教师，又要面对厨师、保育员；既要面对欢蹦乱跳的孩子，又要面对个性迥异的家长。他们的年龄各不相同、生活经历不同、文化背景不同、学历高低不同，因此他们也有着不同的需求和欲望。

对于教职工，作为园长必须要熟知他们的个性，通过他们的表现去了解他们的不同需求。只有最大限度地合理地满足他们的需求，才可能激发起他们的工作热情。刚当园长那会儿，我想当然地认为教师的文化素质较高，自尊心比较强，被尊重的需求比较强烈，因此在跟教师说话或布置任务时，就比较注意方式方法，对保育员布置任务时就比较直截了当。恰恰因为这种做法，使得我在赢得教师信任的同时，失去了保育员的认同，他们从心理上抗拒我下达的任务，工作起来无精打采。

在幼儿园，教职工的追求是完全不同的，比如有的教师希望有继续进修的机会，有的教师希望有展示才能的舞台，有的教师非常看重园长的表扬，有的教师特别在乎金钱……诸如此类，如果园长对此嗤之以鼻的话，那么你的管理行为从此处就已经失败。因为大量事实证明：驱使一个人产生积极行为的动力，离不开对一定物质和精神需要的追求。正如恩格斯指出的："人们通过每一个追求他自己的、自觉期望的目的而创造自己的历史。"因此，绝不能视员工自身的欲望于不顾，只一味地下命令，当然也不是说员工所有的欲望都必须满足，正确的做法是将组织的追求目标艺术地与个人的欲望相结合。比如，幼儿园有外出观摩的机会，那么最好把这种机会给那些外出学习愿望强烈的教师；有公开课展示的机会就应该提供给自我表现欲望强烈的教师；不够自信的教师，要多多给予他们表扬；对于比较看重金钱的教师，在物质和精神鼓励都许可的情况下，应该选择前者；有倾诉欲望的教师，应多与之交流，分享他们的感受。以往有一个误

后记

区，那就是认为机会均等就是把同样的机会平均地分配给每个人，其实这是一个错误，因为同样的机会对不同欲望的人的意义完全不同。在十几年的管理实践中我深深地体会到这一点，只有把不同的机会根据不同的需要合理地提供给恰当的人，机会才会被认为是机会，才能体现其独特的价值，动机才有可能被激发。

宋代陆游曾云："纸上得来终觉浅，绝知此事要躬行。"明代周立说："一语不能践，万卷徒空虚。"朱熹也说："论先后，知为先；论轻重，行为重。"王夫之在《尚书引义》中云："知之非艰，行之惟艰……且夫知也者，因以行为功者也；行也者，不以知为功者也。行焉可以得知之效也，知焉未可以得行之效也。"其中，"知"是手段，"行"是目的，不"行"，无以奏"知"之效，也无以知"事"之艰难。园长的管理工作就是知与行密切结合的工作，每一种不同的知行结合成就一类不同的管理风格。本书把各种不同风格的园长管理案例收集在一起，为的就是与大家分享管理的心得，探索更佳的知行结合模式。

我习惯回味过往管理方式的得失，常常会获得更深远、更绵长、更细腻的感受，参阅别人的管理经验能透视人生和社会，还能启迪智慧；解决完一个危机事件就像解开一道难题，顿觉乌云消散，阳光普照。拨开世间尘埃，胸中自无火焰冰晶；消除心中鄙吝，眼前时有月明风清。

最是向往窗前清茶一杯，书香缭绕，思绪远飘，虽只是偶有所得，却常常是人生乐趣所在。

卢 俊
2012年7月22日于杭州

学前教育类书目

书号	书名	著、译者	定价(元)
\multicolumn{4}{c|}{幼儿园园所管理}			
2102	破解幼儿园园长的50个管理难题	苏晓芬 等 著	48.00
1784	幼儿园危机管理策略与实例	周丛笑 等 编著	52.00
1596	幼儿园安全管理策略	张春炬 李芳 主编	42.00
0039	园本培训促进幼儿教师专业发展	晏红 著	32.00
9883	幼儿园教研活动设计与实施	莫源秋 著	32.00
9620	幼儿园保育员工作指南	伍香平 等 主编	20.00
9438	幼儿园园长的领导艺术	任民 李迎春 著	32.00
9006	幼儿园园长临场应变技巧50例	卢俊 著	20.00
9012	幼儿园园长易犯的80个错误	伍香平 主编	25.00
幼儿园园所管理合计			303.00
\multicolumn{4}{c|}{幼儿园教师教学技能与活动指导}			
2253	理解儿童心理从绘画开始（全彩）	陈侃 著	38.00
0760	幼儿园备课·说课·听课·评课	俞春晓 等 著	42.00

8598	幼儿园集体教学活动设计方法与实例	俞春晓 著	28.00
9499	幼儿教师必须修炼的10项教学技能	俞春晓 著	25.00
9454	幼儿园教学诊断技巧与对策58例	王春燕 等 著	38.00
1799	幼儿园电影主题活动创意设计（全彩）	王微丽 等 主编	72.00
9612	幼儿园综合主题活动 ——设计技巧与优秀案例	赵旭莹 等 主编	42.00
1235	幼儿园绘本美术活动创意设计（全彩）	郭莉萍 赵福云 主编	68.00
9323	幼儿园美术活动创意设计（全彩）	罗梅 赵福云 主编	56.00
0180	给幼儿教师和家长的81条美术教育建议（全彩）	李力加 著	62.00
9150	幼儿园节日活动精彩设计方案	刘洪霞 主编	35.00
9590	幼儿园语言活动创新设计	郭咏梅 著	32.00
0157	幼儿园优秀语言活动设计70例	郭咏梅 主编	26.00
0453	幼儿园优秀体育活动设计99例	朱清 侯金萍 主编	45.00
9892	幼儿园优秀美术活动设计99例（全彩）	陈学群 余晖 主编	58.00
9591	幼儿园优秀健康活动设计80例	范惠静 主编	38.00
9439	幼儿园优秀社会活动设计65例	伍香平 主编	25.00
9385	幼儿园优秀科学活动设计88例	董旭花 主编	35.00
9951	幼儿园科学探究故事20例	王明珠 主编	40.00

……
欲了解更多图书信息，请登录：www.wqedu.com
联系地址：北京市西城区三里河路6号院2号楼213室　万千教育
咨询电话：010-65181109，65262933

*本目录定价如有错误或变动，以实际出书为准。